JN034199

# 経済視点
## で学ぶ
## 歴史の授業

梶谷真弘［著］
Kajitani Masahiro

さくら社

　織田信長はなぜ比叡山延暦寺を焼き討ちしたのでしょうか。信長の残虐さの象徴として語られることが多いエピソードです。では、経済の視点でみると、どうでしょうか。当時の寺社勢力は、荘園や関所から収入を得て強大な勢力を誇っていました。楽市楽座に代表される、自由で活発な商業によって経済を活性化させようとしていた信長の政策が行われると、寺社勢力は自分たちの財政基盤を失ってしまいます。そのため、信長に抵抗したのです。信長は、よりよい経済システムをつくるために、抵抗した寺社勢力と戦ったのです。

　信長の政策は、経済の視点でみると、とても合理的です。商業を活性化させて領内を豊かにし、戦のプロの常備軍を雇うための資金を調達しました。そして、モノの運ばれる流通の要所をおさえ、他の戦国大名に対して優位に立ちました。信長の政策を経済の視点でみることで、当時の社会のしくみをスッキリ理解することができます。

　このように、歴史のできごとには、経済が大きく影響しています。経済の視点でみることで、歴史をより深く理解し、現代にも応用できる見方・考え方を身につけることができるのです。

　私は、中学校社会科の教師です。社会科には地理・歴史・公民の分野がありますが、地理では地理の内容を、歴史では歴史の内容を教えるだけでは不十分と考えています。歴史では、歴史の題材や視点を中心にしながら、地理・経済・政治など、様々な視点から考え、当時の社会を深く理解し、人々の判断・行動を評価し、現代に生かしていく。そういった学習を理想と考えています。本書は、その中でも、経済の視点を軸に、歴史を学習する考え方や方法を取り上げました。なぜなら、経済の視点は、人々の判断・行動や社会のしくみに大きく影響を与え、切っても切れない関係にあるからです。

　本書では、歴史をみるための経済の視点を紹介し、経済の視点でみた歴史の事例を多数取り上げています。歴史を単なる知識として教えるのでなく、歴史を通して見方・考え方を育み、現代の我々が活用できる力

を育てていきましょう。

　本書は、次のように構成されています。
　第1章は、経済の視点を取り入れた歴史学習の理論です。なぜ歴史を学ぶのか、歴史で何をどのように学ぶのか、なぜ経済の視点が必要なのか、どのように経済の視点を用いるのかを、見開きで簡潔に解説しています。
　第2章は、歴史学習に取り入れる経済の視点です。歴史的な事象や人々の判断・行動に影響を与えた経済の視点を、3領域9視点に系統化して、わかりやすく解説しています。また、それぞれの視点に対応する第4章の事例を一覧表で見られるようにしています。
　第3章は、経済の視点を取り入れた学習法です。3つの型と3つの学習法に分類し、すぐに取り入れられる「ネタ挿入型」や、人物の政策を評価する学習法など、経済の視点を取り入れた具体的な学習法を紹介しています。
　第4章は、実践編です。古代から近代までの事例を、「どうして〜だったの？」などの問いに答える形で解説しています。各頁の事例と、第2章で解説した経済の視点との関係を一目でわかるように、構成しています。また、「へぇ〜、そうだったのか」と歴史の読み物としても楽しんでいただけるようにもなっています。
　読者のみなさまのニーズによって、どこから読んでいただいても構いません。
　本書が、学校現場で日々熱心に教育に携わっておられる先生方、歴史に関心があり手に取っていただいた方々のお役に少しでも立てれば幸いです。
　本書の執筆にあたり、横山験也社長をはじめ、さくら社の方々には大変お世話になりました。企画から構成まで様々な面で支えていただきました。この場をお借りして、お礼を申し上げます。

　　　　　　　2020年　5月

　　　　　　　　　　　　　　　　　梶谷真弘

## 第4章 経済の視点で歴史学習実践

# 経済の視点で
# 歴史学習

# 1 なぜ歴史を学ぶのか

## ❶「歴史とは、過去と現在の対話」

「歴史とは、過去と現在の対話である。」

この言葉は、歴史学者のE.H.カーが著書『歴史とは何か』で述べた言葉です。歴史とはいったい何か、そして歴史をなぜ学ぶのかを、短く、わかりやすく、私たちに伝えてくれています。

歴史学習は、過去について知っていることを増やす学習ではありません。もの知り、雑学王、クイズ王を育てるものでもありません。現在の歴史学習は、用語暗記、もしくは用語理解型の学習が中心になりがちです。もの知りな先生の話を聞いて、子どもが「へぇ～」と言うだけの授業では、真に歴史を学んでいるとは言えません。

## ❷ 歴史を学ぶ目的

歴史を学ぶ目的は様々ありますが、一つは次のように言えます。

**過去に起こったできごとや人物の行動の分析を通して、社会のきまり（法則）や共通性、因果関係、生き方を学び、これからの生き方に生かすこと**です。そのために、歴史の学習では、できごとはなぜ起こったのか、その人はなぜそのような行動をとったのかを、当時の社会状況や因果関係から考えていきます。

歴史を学ぶ上で、この「考える視点」がとても大事になります。歴史で学ぶできごとが、すべて共通性のないバラバラに起こるできごとだと、学んだことを次の学習に、そして自身の実生活に生かせません。歴史の法則性や共通性を見つけることで、学んだことを次の学習に、そして自身の実生活に生かすことができるのです。

「どうして～なのだろう？」という問いを持ち、資料などからそれを考え、「（できごと）の原因は～だ」、「（人物）は～だから、～をしたんだ」と、

できごとや人の行動を解釈します。そして、それが「以前に学習した～と同じだ」、「現代の～と同じだ」と気づくと、「考える視点」が獲得できたと言えます。さらに、その「考える視点」を別のできごとに応用することができれば、「考える視点」を応用することができたと言えます。

## ❸ 学んだ視点を応用し、判断・評価する

　また、歴史学習を「過去学習」にしないためには、歴史における法則や共通性を見つけるだけでは不十分です。

　歴史学習の質を、上・中・下で表すと、表1のようになります。

　下の**用語暗記型・用語理解型の授業**では、知識の獲得が目的になります。知識はすべての基盤ですが、それだけでは不十分です。

　中の**因果関係や共通性を考え、解釈する授業**では、知識を基盤に思考し、「考える視点」、つまり見方・考え方を深めることが目的になります。学習したことを応用する力をつけます。

　そして、上の真に求められる歴史学習では、見方・考え方をもとに、歴史のできごとが正しかったのかを**評価したり、どうすべきかを判断したりし**、現代の社会問題に対して判断・行動できる力をつけることが目的になります。

■表1　歴史学習の質の段階

| 歴史学習の質 | 内容・方法 | 目的 |
|---|---|---|
| 上の授業 | 歴史のできごとや人の行動を判断、評価する授業 | できごとを判断・評価し、行動する |
| 中の授業 | 因果関係や共通性を考え、解釈する授業 | 見方・考え方を深める　応用する |
| 下の授業 | 先生が知識を語る用語暗記・用語理解型授業 | 知識の獲得 |

【参考文献】▪ E.H. カー『歴史とは何か』岩波新書、1962 年

## 2 歴史で何をどのように学ぶのか

### ❶ オーセンティックな学習

　歴史学習では、何を、どのように学習すればよいのでしょうか。

　社会科に求められるのは、より良い社会を形成する市民の育成です。歴史学習もその一翼を担っています。アメリカの教育学者である F.M. ニューマンは、オーセンティックな（真正の）学習を提唱しています。オーセンティックな学習では、より良い社会を形成する市民を育成するために、授業を構成します。歴史も、ただ歴史を学ぶのでなく、より良い社会を形成する市民になるために学習します。オーセンティックな学習では、次の３つを重視します。

### （1）社会で重要な内容・方法

　歴史の知識を増やすのは、社会に出ると重要ではありません。学問の成果（内容）や手法（方法）を踏まえた学習は、社会で起こる問題を解決する場合に重要です。歴史学の内容や方法を踏まえた学習が必要です。また、歴史学だけでなく、複数の学問の成果や手法を取り入れることで、学習は深まります。

### （2）社会で意味のある学び

　学習した知識を、ただの知識として記憶しておくだけでは、社会に出たときに意味のないものになってしまいます。社会で起こる問題を解決するために、学んだ知識を自分に必要な形に再構成する必要があります。再構成とは、例えば、いくつかの知識を組み合わせたり、別の場面に応用したりすることです。

### （3）学校の外で価値がある学び

学校のテストだけで使える知識は、社会では価値がありません。社会で起こることを理解したり、問題を解決したりするために、知識を用います。また、学習の結果として、自分の意見や成果物を他者に発信することで、学習が社会にとって価値のあるものになります。

　このように、オーセンティックな学習は、①学問に基づく重要な内容・方法を用い、②社会で意味のある学びになるように知識を再構成し、③学校の外でも価値のある学びになるように設計します。

## ❷ 経済の視点を取り入れた歴史学習

　オーセンティックで理想的な歴史学習とは、**歴史のできごとについて、歴史・地理・経済など、様々な視点（見方・考え方）で分析し、当時の社会状況や人々の判断・行動を理解し、それを現代社会に応用する力をつける学習**です。

　しかし、いきなり理想的な歴史学習を行うのは難しいでしょう。そこで、本書では、**歴史学習に経済の視点を取り入れる学習**を提案します。

　例えば、「どうしてヤマト王権は力をつけたのか」を考えてみましょう。これは、鉄という、当時日本での製造が難しかった、「**希少性**」の高いモノを、ヤマト王権が海外から独占的に仕入れたこと（「**交易**」）で、周囲のクニに対して優位に立ち、力をつけたのです。

　ここで言う、「**希少性**」、「**交易**」が、本書で扱う経済の視点です。経済の視点を取り入れることで、当時の状況をスッキリ理解できます。また、同じようなケースは、歴史で度々登場します。そのとき、ヤマト王権で学んだ視点を使うことで、別の事例を理解しやすくなります。また、歴史だけでなく、現代の問題を考える上でも、使える視点（見方・考え方）になるのです。

【参考文献】• David Harris and Michael Yocum, Powerful and Authentic Social Studies, National Council for the Social Studies, 2000.
• Fred M. Newmann and Associates, Authentic Achievement: Restructuring Schools for Intellectual Quality, Jossey-Bass a Wiley Company,1996.
• 拙著「Powerful and Authentic Social Studies における教師の専門性の開発─社会科授業の評価基準に着目した分析研究─」大阪教育大学 社会科教育学研究 第 10 号、2012 年、pp.1-10.

# 第1章

## 3 なぜ経済の視点が必要なのか

　歴史学習に経済の視点を取り入れると書きました。

　「歴史の内容を教えるだけでも大変なのに、経済の内容まで教えないといけないのか！」、「経済の学習は中学3年生で行うので、中学1・2年生に教えるのは難しい」などの意見が聞こえてきそうです。

　経済の内容を追加して教えるのではなく、経済の視点、つまり経済の見方・考え方を使って、歴史を学習するのです。また、経済の内容は、決して3年生にならないと学べないものではありません。現在の経済学習が、歴史同様、用語を覚える学習になってしまっているために、経済を難しく感じるのです。経済というのは、私たちの生活の様々な場面で関わっています。さらに言えば、多くの人は、日常的に経済の視点を使って、判断・行動をしているのです。

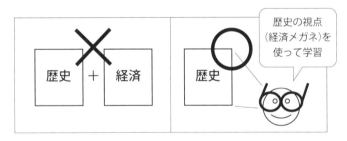

### ❶ 判断や行動は、経済の視点が大きく影響する

　どうして織田信長は、比叡山延暦寺を焼き討ちしたのでしょうか。この問題は、お寺、つまり寺社勢力を、現在のお寺と同じように考えていてはわかりません。当時の寺社勢力は、荘園や関所からの収入を背景とした財力と、武装化したお坊さんである僧兵を抱えた一大勢力であり、貴族も将軍も戦国大名も手出しできないほどの力を持っていました。

　信長は、自由で活発な商業によって経済を活性化しようと、様々な政策を行いました。しかし、寺社勢力にとって、そのやり方では自分たち

の財政基盤を失ってしまいます。そのため、信長に抵抗したのです。信長は、よりよい経済システムをつくるために、抵抗した寺社勢力と戦ったのです。

　このように、人々の判断や行動には、経済が大きく影響しています。経済の視点でみることで、その人の行動の意図や当時の状況がよくわかります。

## ❷ 経済の視点でみることで、より深く理解できる

　どうして信長は戦国時代の中、あれだけ勢力を広げることができたのでしょうか。それは、「戦のプロ」である常備軍をつくったからです。

　それまでの戦国大名は、戦の度に民衆を集めて戦っていました。そのため、統率力も低く、農業に手のかかる時期は、戦ができませんでした。そこで、信長は戦のプロである武士を雇い、常に戦に備えて鍛錬ができる常備軍をつくりました。しかし、常備軍を雇うには、お金がかかります。そこで、信長は、自由な商売を認め、商業を活性化させ、商人にその権利を認める代わりに税を納めさせました。経済政策に力を入れ、それが成功したことで、武士を雇うことができ、勢力を広げることができたのです。

　このように、歴史のできごとは、経済の視点でみることで、より深く理解することができるのです。

## ❸ 経済の視点でみることで、現代に応用できる

　先ほどの信長の例は、歴史のできごととして知っているだけでは、現代に生かすことは難しいでしょう。

　そうではなく、経済の視点でみるとどうでしょうか。信長の経済政策をもとに、他の戦国大名はどのような政策をしていたのか、比較ができます。そうすると、戦国大名の領国経営の大切さがわかります。戦国大名を、経営者としてみることができます。経済の視点でみることで、学んだことを別の事例に応用することができます。さらに、それを現代に応用することができるのです。

# 4 どのように経済の視点を用いるのか

　経済の視点を、どのように歴史学習に取り入れればよいのでしょうか。

　経済学にもさまざまな立場や分野、考え方があり、本書で紹介する経済の視点がすべてではありません。あくまで、歴史を学習する上で必要な経済の視点であり、歴史学習以外の場面に応用するための視点だとご理解ください。

　経済というと、一番に考えるのはお金でしょう。お金に関することももちろん扱います。しかし、経済といっても、お金に関わることばかりではありません。お金を使わないやりとりや判断も、経済の視点で考えることができます。

　経済学者の N. グレゴリー マンキューは、経済の 3 つの領域を示しています。本書では、マンキューの考え方を参考に、3 つの領域ごとに歴史学習に取り入れる経済の視点を設定しました。

## ❶ 経済の 3 つの領域

　経済の 3 つの領域とは、「意思決定」、「影響」、「経済全体の動き」の 3 つです。「意思決定」とは、主に個人が何かを選択する場面にかかわる領域です。「影響」は、主に 2 人以上でのやりとりを行う場面にかかわる領域です。「経済全体の動き」とは、「影響」よりもさらに広くなって、国や世界全体の経済を考える場面にかかわる領域です。

　この 3 つに加えて、経済を学ぶ上での「前提」があります。それは、「希少性」と「トレードオフ」です。この 2 つなくして、経済の視点で考えることはできないと言っても過言ではないでしょう。

## ❷ 領域 1 ：意思決定

　「意思決定」の領域は、個人が経済の視点で考えるためのベースとなります。人の判断や行動には、必ず経済の視点が影響しています。一番わ

かりやすいのが、損か得かです。その状況でよいと思える選択肢を合理的に判断して行動するのです。これを「インセンティブ」、「コスト」の２つの視点で考えていきます。「意思決定」の領域は、すべてのできごとや行動に関わるので、すべての授業で扱います。

## ❸ 領域２：影響

「影響」の領域は、小さな規模での社会（経済）のしくみを捉える上で必要になるものです。この領域で扱う経済の視点は、「市場」と「交易」です。これらは、毎回扱うものではなく、歴史学習全体の中で、系統的に学べるようにします。

## ❹ 領域３：経済全体の動き

　「経済全体の動き」の領域は、「影響」の領域よりも大きな規模で社会（経済）のしくみを捉える上で必要になるものです。この領域で扱う経済の視点は、「政府の政策」、「税」、「経済システム」です。これらも、毎回扱うものではなく、歴史学習全体の中で、系統的に学べるようにします。

　経済の領域と経済の視点をまとめたものが、下の表です。

■表2　経済の領域と経済の視点一覧

| 経済の領域 | 経済の視点 |
|---|---|
| 0．前提 | 0－1．希少性<br>0－2．トレードオフ |
| 1．意思決定 | 1－1．インセンティブ<br>1－2．コスト |
| 2．影響 | 2－1．市場<br>2－2．交易 |
| 3．経済全体の動き | 3－1．政府の政策<br>3－2．税<br>3－3．経済システム |

　次章では、経済の視点を１つずつ解説します。

【参考文献】▪ N. グレゴリー マンキュー『マンキュー入門経済学［第２版］』東洋経済新報社、2014 年

# 1 経済の前提

　まずは、経済の前提である、「希少性」、「ト
レードオフ」です。

**経済の視点0−1. 希少性**

## ❶ 希少性とは

　地球上のさまざまなものには限りがあり
ます。そして、それは世界中に均一にある
のではなく、「あるところ」と「ないところ」、
「多いところ」と「少ないところ」がありま
す。「あるモノ」には、人は価値を感じにく
いです。一方で、「ないモノ」や「少ないモ
ノ」は貴重で、大金を払ってでもほしいと
思います。

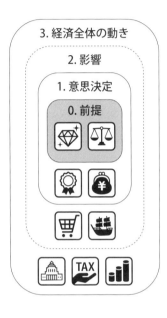

　例えば、「空気」で考えてみましょう。

　空気は、地球上のほとんどのところにあり、普段わたしたちはわざわ
ざお金を払って買うことはありません。しかし、お金を出してでも空気
を買う場合があります。どういう場合でしょうか。

　一番わかりやすいのは、宇宙に行くときです。宇宙にはもちろん空気
はありません。人は、空気がなければ生きていけませんので、空気が必
要になります。宇宙では、空気がないので貴重なのです。

　他には、標高の高いところでも、空気が少ないので、貴重です。また、
空気がきれいでないところでは、きれいな空気が貴重になるかもしれま
せん。さらに、運動をして息苦しいとき、酸素ボンベを必要とするかも
しれません。

　また、同じように、みんながもっていないモノをもっていると、優位

になります。あるモノをみんながほしがっている場合、その人はそれを、誰に、どのような条件で、どれくらいの量を渡すかを決めることができます。

このように、「ないモノ」や「少ないモノ」、なかなか手に入らないモノは貴重で、お金を払ってでもほしいと思います。これを「**希少性**」と言います。あらゆるモノには限りがあり、それらが均一でなくある場所に偏ってあります。そのために、自分のもっている他のモノと交換してでも、それを得ようとします。経済学とは、希少な（限られた）資源をどのように扱うか、管理・配分するかを考える学問なのです。

## ❷ 歴史における希少性

歴史でも、現代でも、この法則を利用して力を握った人、富を獲得した人はたくさんいます。では、歴史に影響を与えた「希少性」のあるモノとは、何でしょうか。

例えば、次のモノが挙げられます。

> 鉄、技術品、鉛・硝石、銅、金、石炭、石油、レアメタル、…

これらの希少なモノがどのように歴史に影響を与えたか、第4章の事例で紹介していきます。

## ❸ 希少性に関する法則

**希少性に関する法則**は、次の3つです。

> **法則1：あらゆる資源には、限りがある。**
> **法則2：少ないものは貴重であり、多くの人がそれを求める。**
> **法則3：希少なものをもっている、または扱えると、優位である。**

# ❶ トレードオフとは

　経済とは、基本的にあるモノとあるモノの交換から始まります。前頁の空気をお金で買う例では、空気とお金を交換しています。現代は、モノがほしいとき、基本的にモノとお金を交換します。お金のないとき・場所では、モノとモノの交換で成り立ちます。

　そのときに、「この商品はほしいが、お金は渡せない」などと言ったら、取引は成り立ちません。2つのうち、必ずどちらかを選び、もう一方をあきらめなければなりません。これが、「**トレードオフ**」（相反する関係）です。トレードオフは、モノとモノとを選択する場合だけではありません。勉強するために、見たいテレビを我慢する。これも、トレードオフです。なぜなら、限られた時間を、勉強することとテレビを見ることのどちらに使うかを選択し、もう一方をあきらめているからです。他にも、ダイエット（体重を増やさない）ために、ケーキを食べるのを我慢する。これも、トレードオフです。なぜなら、ケーキを食べて体重を増やすことと、ケーキを食べずに体重を増やさないことを選択し、どちらかをあきらめているからです。

　このように、私たちが日常生活のさまざまな場面で何かを選択するときにも、経済の視点が関わっているのです。

　また、もう少し広い視野で考える事例も紹介しましょう。

　あるとき、自然災害が発生し、A市が壊滅的な被害を受けたとします。A市には、食べ物も飲み物も届かず、住むところもままなりません。B市は、被害を受けませんでした。このとき、政策を決める人は、B市の物資を送ったり、他の仕事をするはずだった人をA市の復旧・復興のために働かせたりするでしょう。また、B市の人の中にも、A市に物資を送ったり、ボランティア活動を行ったりする人も出てくるでしょう。

　この場合、「**効率**」だけを考えれば、政策を決める人やB市の人は、A市のために何もしないのが効率的です。しかし、すべての人に資源や最

低限の生活をバランスよく「**公平**」に配分されるように動きます。この場合、「効率」と「公平」の両方をとることはできません。「効率」と「公平」は、トレードオフの関係にあります。

　援助やボランティアは、心情的な働きかもしれません。しかし、政策を決める人は、この不公平な状況が続くと、さらなる問題が生じ、経済的にもマイナスになることを歴史から知っています。だから、さらなる問題を避けるために、援助を行う、公平性を優先するとも言えるのです。

## ❷ 歴史におけるトレードオフ

　歴史のできごとも、同じように経済の視点が大きく関わっています。

　例えば、近代の産業革命期の日本では、A「国力を高めるために産業を優先する」か、B「周辺地域の公害問題の解決を優先する」かで、意見が分かれます。この問題は、両方を一度に得ることは難しく、トレードオフの関係にあると言えます。

　このトレードオフの視点によって、**歴史を決まりきった物語として捉えるのでなく、社会状況に合わせた選択の連続である**ことを捉えていきます。

## ❸ トレードオフに関する法則

　**トレードオフに関する法則**は、次の３つです。トレードオフは、事例で取り上げるどの場面にも関わります。そして、トレードオフの関係は、次に紹介する意思決定の２つの内容をみると明確です。そのため、トレードオフの項目は各事例に対応して示していません。

---

**法則１**：一方をとると、もう一方をあきらめなければならない。
**法則２**：トレードオフは、ものやお金だけでなく、時間や将来の結果も含まれる。
**法則３**：「効率」と「公平」がトレードオフになる場合がある。

---

# 2 意思決定

## ❶ 意思決定とは

　「意思決定」は、個人が何かを選択する場面に関わる領域です。

　「意思決定」は、経済の視点で考えるためのベースであり、もっとも重要な領域です。なぜなら、「影響」や「経済全体の動き」の領域は、あくまで意思決定するための視点であり、「意思決定」は人々の判断・行動に直接影響を与えるからです。

　歴史学習や経済学習において、これまでは内容に関わる知識や概念の学習が中心で、「意思決定」に関する領域の学習が不十分でした。「意思決定」は、さまざまな情報や視

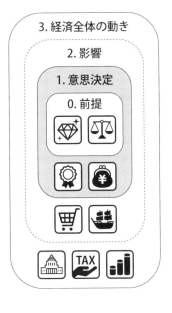

点をもとに、どう判断・行動すべきかを考える領域です。「意思決定」を重視し、情報や視点をもとに判断・行動する力をつけることが大切です。こうした学習によって、歴史だけの学習、学校だけで意味のある学習に留まらず、実際の社会で生きる学びにつながるのです。この領域は、すべてのできごとや行動に関わるので、すべての授業で扱います。

　この領域は、「インセンティブ」、「コスト」の2つの視点で考えます。「インセンティブ」は、意思決定するときのメリットを考えるための視点です。「コスト」は、意思決定するときのデメリットを考えるための視点です。

## ❷ 合理的な意思決定の枠組み

　人が行動を起こすのは、その人にとって「インセンティブ」が「コスト」を上回ると判断したときです。メリットがデメリットを上回るときとも

言えます。人は、いつもすべての情報を知っていて、それらを冷静に天秤にかけてものごとを決めているわけではありません。限られた情報の中で、すべての選択肢を考える余裕もなく判断し、行動することはよくあります。しかし、ものごとを判断するときに、「インセンティブ」と「コスト」の両面を、賢く分析することで、合理的な意思決定につながります。

　合理的に意思決定するときに、表3のような枠組みを頭に浮かべて考えられると、合理的な意思決定を行いやすくなります。そのため、枠組みを視覚的に提示し、毎回の学習でこの枠組みに当てはめ、経済の視点にもとづく合理的な意思決定の力をつけていきます。

　また、複数の選択肢がある場合には、表4のような枠組みを頭に浮かべ、それぞれのインセンティブとコストの大きさを比較するようにします。そして、インセンティブを高め、コストを下げる新たな選択肢を考えることで、合理的意思決定につなげていきます。

■表3　合理的意思決定の枠組み

| 【判断・行動、できごと】「　　　　　　　　　　　　　　　　」 | |
| --- | --- |
| インセンティブ（メリット） | コスト（デメリット） |

■表4　複数の選択肢がある場合の合理的意思決定の枠組み

| 【判断・行動、できごと】「　　　　　　　　　　　　　　　　」 | |
| --- | --- |
| 選択肢A「　　　　　　　」 | 選択肢B「　　　　　　　」 |
| インセンティブ（メリット） | インセンティブ（メリット） |
| コスト（デメリット） | コスト（デメリット） |

# ❶ インセンティブとは

　「インセンティブ」とは、人々の判断や行動に影響を与えることです。例えば、やりたくない仕事でも、お金をもらえるのであれば、喜んで働くかもしれません。このときのお金（報酬）が、インセンティブです。この例は、行動を引き起こすインセンティブなので、**正のインセンティブ**と言います。

　逆に、仕事の途中に居眠りをしたら、ペナルティとして給料を下げる（罰金）場合には、ペナルティによって居眠りという行動を起こりにくくします。これを**負のインセンティブ**と言います。

　また、インセンティブは、お金に関することだけでなく、楽しい・楽しくないなどの気持ちや、地位や名声、周囲の評判、さらに将来への期待や効用なども含まれます。

　私たちが何かを判断し、行動するとき、必ず何らかのインセンティブがあります。インセンティブよりコストの方が大きいとき、私たちはそれを判断・行動することはありません。ただし、判断・行動するときに、すべての情報をもっているわけではなく、結果も予測できないため、必ずしも正しい判断ができるわけではありません。

　歴史上の人物の判断・行動や歴史的なできごとも、インセンティブが影響しています。インセンティブを考えることで、人物の判断・行動の原因を分析できます。また、その判断・行動が正しかったのか、別の選択肢の方が良かったのかを考えることで、現代の問題を考える力につながります。

# ❷ 歴史におけるインセンティブ

　歴史における「インセンティブ」は、大きく次の3つがあります。

## （1）利益を得る、増やす

　歴史上のできごとは、利益を得るために起こったことがたくさんあります。例えば、「墾田永年私財法」は、当時の有力貴族であった藤原氏が富を得るために実施されたものです（詳しくは 70 ページ）。

　このように、できごとのウラには、誰かの利益が大きく関係しています。

## （2）権力を握る、優位に立つ

　権力を握る、優位に立つという「インセンティブ」もあります。例えば、ヤマト王権は、当時日本では手に入らなかった鉄を独占的に仕入れ、それを利用して周りのクニに対して優位に立ちました。

## （3）民衆は、経済的メリットの大きい方に動く

　例えば、民衆は税が少ないなど、負担の少ない政府を求めます。また、無理のある制度は、どれだけ強制しても浸透しません。「これからはこの通貨を使いなさい」と政府が言っても、民衆がその通貨の価値を認め、信用しなければ、通貨は広まりません。

　このように、民衆は、経済的メリットの大きい方に動くのです。

## ❸ インセンティブに関する法則

　インセンティブに関する法則は、次の 3 つです。

---

**法則 1：報酬は、行動を引き起こしやすくする。**
　　　　（報酬：利益や富を得る）
**法則 2：ペナルティは、行動を起こりにくくする。**
**法則 3：お金以外も、行動に影響を与える。**
　　　　（権力を握る、優位に立つ）

---

# ❶ コストとは

　モノを買うときには、お金を払います。何かをするときには、他の何かをあきらめます。このときに失うモノを、コストと言います。コストは、お金だけではありません。

　例えば、大学に通うときのコストを考えてみましょう。学費が〇〇万円だから、コストは〇〇万円と考えるのは間違いです。学費以外にも、たくさんのものを失っています。例えば、大学に通うための交通費がかかります。また、一人暮らしをする場合、その費用もかかります。さらに、4年間という時間を失っています。この時間にもし働いていたら稼げていたはずのお金、これもコストに含まれます。

　このように、あるものを得るために失ったモノを、「**機会費用**」と言います。山奥の商品の値段が高いのは、わざわざ他の遠くまで買いに行くという機会費用が商品の値段に含まれていると考えられます（他にも、需要と供給、輸送コストなどでも説明できます）。

　私たちが何かを判断し、行動するとき、必ずコストを最小限に抑えたいと考えます。また、コストを上回るインセンティブがある場合、私たちはそれを判断し、行動します。

　歴史上の人物の判断・行動や、歴史的なできごとも同じように、インセンティブがコストを上回ると実施され、コストがインセンティブを上回ると実施されません。

# ❷ 歴史におけるコスト

　歴史におけるコストは、お金や権力、他からの抵抗などです。これらのコストが、インセンティブを上回ると、実施されなくなります。

　例えば、日明貿易（勘合貿易）を考えてみましょう。足利義満は、明への朝貢、つまり子分となる印として明の皇帝に遣いを送り、貢物を差し出すことで、明からその何倍もの返礼品を受け取り、利益を得ました。

ここでの「コスト」は、貢物の費用、貿易のための船・人・燃料・食料にかかる費用などです。お金に関わるものだけでなく、明の子分になるという「屈辱」などもコストに含まれます。

　一方、「インセンティブ」は、明からの返礼品です。明からの返礼品は、日本側の「コスト」の数倍の価値があったと言われています。義満は、「コスト」よりも「インセンティブ」が上回ると判断し、日明貿易を行ったのです。その結果、幕府の財政は潤い、幕府の力も高まりました。

　しかし、義満の後、日明貿易は廃止されました。理由はいくつかあります。明の子分になるという屈辱を避けたかった、4代将軍の義持が義満の政策に反対だった、朝廷の反発が大きかったなどが挙げられますが、一番の理由は室町幕府にお金がなかったからです。つまり、貿易のはじめに必要なお金を用意できなかったのです。貿易するまでの「コスト」が大きかったため、日明貿易は廃止されたのでした。

## ❸ コストに関する法則

**コストに関する法則**は、次の3つです。

> **法則1：ある判断・行動は、インセンティブがコストを上回った場合に起こる。**
> **法則2：コストは、お金だけではない。**
> **法則3：機会費用（あるものを得るために失ったもの）も、コストに含まれる。**

# 3 影響

## ❶ 影響とは

「影響」は、2人以上でのやりとりを行う場面にかかわる領域です。

この領域は、小さな規模での社会（経済）のしくみを捉える上で必要になるものです。

ただし、歴史の学習では、小さな規模での社会の仕組みを学習することは少なく、取り上げ過ぎると、本来学ぶべき歴史の本質から外れてくる危険性があります。そこで、規模や範囲の大きさに関係なく、取引や交換、流通などの市場原理や交易に関するものを、「2．影響」で取り上げます。本来「マクロ」と呼ばれる「3.経済全体の動き」に分類されるものでも、「2．影響」で取り上げます。

この領域で扱う経済の視点は、「市場」と「交易」です。「市場」は、売り手と買い手の取引とその影響を考えるための視点です。「交易」は、他の人や地域、国との取引とその影響を考えるための視点です。これらは、毎回扱うものではなく、歴史学習全体の中で、系統的に学べるようにします。

## ❷「影響」の領域を扱う事例一覧

表5は、第4章に示した事例の中で、「影響」の領域を含む事例をまとめたものです。先の事例で学んだ視点を利用して、次の事例を学ぶことで、歴史における共通性に気づき、理解が深まります。

■表5 「影響」の領域を扱う事例一覧

| | 視点2－1．市場 | 視点2－2．交易 |
|---|---|---|
| 古代 | ・平氏滅亡の謎 | ・縄文時代の経済活動<br>・鉄から見えるヤマト王権<br>・大都市成立の条件―奈良―<br>・貿易で力をつけた平氏① |
| 中世 | | ・利益を優先した足利義満<br>・日明貿易廃止の謎<br>・制度が生み出した者たち―倭寇―<br>・ザビエルからみる国際情勢<br>・キリシタン大名の本当のねらい<br>・織田信長の経済政策①<br>　　　―比叡山延暦寺焼き討ち―<br>・織田信長の経済政策②<br>　　　―強さの秘密は経済政策― |
| 近世 | ・吉宗は名君か①<br>・吉宗は名君か②<br>・経済を熟知した老中・田沼意次の改革 | ・「天下の台所」をつくった男<br>・経済・文化を支えた昆布ロード<br>・経済を熟知した老中・田沼意次の改革<br>・天明の飢饉は天災？人災？ |
| 近代 | | ・アメリカの発展①<br>　　　―国土買い取りの経済効果―<br>・薩摩藩の藩政改革①<br>　　　―調所広郷の財政改革―<br>・坂本龍馬は何をしたのか |

# ❶ 市場とは

　何かを売りたい人がいて、それを買いたい人がいるとき、そこに市場ができます。売り手は、より多くの利益を得たいので、価格を高くしたいと考えます。一方で、買い手は、コストをできるだけ抑えたいので、価格を低くしたいのです。この売り手と買い手のバランスがとれたところが、**価格**になります。

　売り手が売れる量を、**供給量**と言います。買い手が買いたい量を、**需要量**と言います。市場で、供給量（売りたい商品の量）が増えれば、売り手は売れ残りを避けたいので、安く売ろうとします。すると、価格は下がります。商品の**希少性**が下がったとも言います。一方、需要量（買いたい量）が増えると、高くても売れるので、価格は上がります。希少性が上がったとも言います。

　また、市場に**競争**があると、価格は変化します。売り手に競争相手（ライバル店）ができると、ライバルの店よりも自分のところの商品を買ってもらうために、価格を下げます。もしくは、商品をより良いものにします。一方、買い手の競争が増えれば、つまり、買いたい人が増えれば、高くても買いたいので、価格は上がります。

　このように、市場は売り手と買い手の関係（影響）で成り立っています。

# ❷ 歴史における市場

　江戸時代の米による年貢は、この「市場」の影響を受けました。米は商品なので、収穫量によって価値が変わります。不作になると、米の価値は上がりますが、年貢の量は増えません。幕府は年貢を増やそうと新田開発や品種改良を行います。すると、年貢の量は増えます。しかし、米の量が増えたので、米の価値は下がってしまいます。すると、年貢による収入は減ります。このように、幕府は米という商品で税を納めさせたために、ずっと財政難に悩まされていたのです。

また、経済学で言えば「マクロ」の領域になりますが、人々の消費が増えると、売り手は儲かります。すると、働いている人の給料が増えます。それによって、さらに新たな消費が生まれます。経済が活性化され、景気が良くなります。

　この視点で、江戸時代の名君と言われる徳川吉宗を批判した人物がいました。目安箱への投書で、次のように訴えます。

> 　金を持っている者がケチをすると、庶民にお金が回らず、経済が活性化されない。質素倹約をやめて、経済を活性化させるべきだ。

　また、吉宗と同時代に、吉宗の政策とはまったく別の政策で、名古屋を大都市に発展させた人物もいました（詳しくは118ページ）。

## ❸ 市場に関する法則

　**市場に関する法則**は、次の4つです。

> **法則1：価格は、売り手と買い手との関係で決まる。**
> **法則2：供給量が増えると、価格は下がる。**
> 　　　　　**需要量が増えると、価格は上がる。**
> **法則3：売り手に競争が起こると、価格は下がる。**
> 　　　　　**買い手に競争が起こると、価格は上がる。**
> **法則4：消費が増えると、経済が活性化され、景気が良くなる。**

# ❶ 交易とは

　自給自足（自分に必要なものは自分で手に入れる）の生活は、現代ではほぼないと言っていいでしょう。ほぼすべてのことは、他者との取引で成り立っています。それは、国同士の場合も同じです。自分の国ですべてのモノをつくるのではなく、他の国と取引（**交易**）をして成り立っています。それは、交易をする方が、お互い利益を得るからです。

　交易は、強制力が働かない（お互いの自発的な意思で行われる）限り、お互いの利益が増えます。だから、歴史においても、古くから危険を冒してまで、遠くの国や地域と交易を行っていたのです。

　また、**比較優位**という考え方があります。2つの国で2つのものをつくる場合、お互いの国を比較して費用が少なくて済むモノ（比較優位のモノ）をつくるのに特化し、それをお互いが取引すれば、2つの国全体としての利益は増えるのです。

# ❷ 歴史における交易

　歴史における交易のポイントは3つです。

## （1）交易を行うと、お互いの利益になる。

　強制力のない、自由な交易の場合、基本的には交易は両者の利益になります。そのため、古くから交易はさかんに行われました。

## （2）流通が発達すると、交易は増える。流通に便利な立地で、交易は行われる。

　交易には、流通経路が欠かせません。流通が発達すると、交易は増えます。また、流通に便利な場所に人々は集まり、交易が行われるようになります。

（3）税や規制は、交易を妨げるので、全体の利益は下がる。

　基本的に、税や規制は、交易のコストが増えるので、交易の妨げになります。税や規制を減らすことで、交易を増やし、経済を活性化させる政策が行われてきました。

　江戸時代に、淀屋常安という大坂の商人がいました。大坂の陣直後の大坂は、戦後の復興すらままならない状況でした。そんな大坂に、常安は、当時年貢として納められていた米とお金を両替する取引所をつくりました。それが、今の中之島です。

　水運に恵まれた大坂に取引所をつくることで、大名たちはこぞって大坂に米を保管する倉庫（蔵屋敷）をつくりました。そして、大坂で取引を行うようになりました。それだけでなく、大坂に米とお金が集まることで、取引が便利になり、他の商品も集まるようになりました。大坂は、商業の中心となりました。

　交易によって、常安自身が儲かるだけでなく、大名や他の商人にも利益が増えました。そして、大坂の街が潤い、経済が活性化されました。大坂だけに留まらず、日本全体に大坂を中心とした物流システムが確立され、日本全体の経済が活性化されました。

　交易とは、歴史を考える上で、欠かせない視点なのです。

## ❸ 交易に関する法則

　**交易に関する法則**は、次の3つです。

---

　**法則1：交易を行うと、お互いの利益になる。**
　**法則2：流通が発達すると、交易は増える。**
　　　　　　**流通に便利な立地で、交易は行われる。**
　**法則3：税や規制は、交易を妨げるので、全体の利益は下がる。**

---

第2章

# 4 経済全体の動き

## ❶ 経済全体の動きとは

　「経済全体の動き」は、国や世界全体の
経済を考える場面に関わる域です。

　この領域は、「影響」の領域よりも大きな
規模で社会（経済）のしくみを捉える上で
必要になるものです。歴史のできごとや人
物の選択に大きく影響を与えます。無関係
と思っていた歴史のできごとも、経済の視
点で見ると、つながっていたり、同じ原因
で起きていたりすることがわかります。

　この領域で扱う経済の視点は、「政府の政
策」、「税」、「経済システム」です。「政府の
政策」は、政府の行う政策やその影響を考

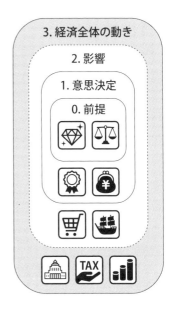

えるための視点です。「税」は、政府の政策の中の、税の仕組みや社会へ
の影響を考えるための視点です。「経済システム」は、地域や国・世界に
おける経済システムとその社会への影響を考えるための視点です。

　これらも、毎回扱うものではなく、歴史学習全体の中で、系統的に学
べるようにします。

## ❷ 「経済全体の動き」の領域を扱う事例一覧

　表6は、第4章に示した事例の中で、「経済全体の動き」の領域を含む
事例をまとめたものです。先の事例で学んだ視点を利用して、次の事例
を学ぶことで、歴史における共通性に気づき、理解が深まります。

|  | 視点3－1政府の政策 | 視点3－2税 | 視点3－3経済システム |
|---|---|---|---|
| 古代 | ・国が栄える条件③<br>　―ローマ帝国― | ・国が栄える条件①<br>　―古代エジプトの繁栄―<br>・国が栄える条件②<br>　―古代エジプトの衰退―<br>・国が栄える条件③<br>　―ローマ帝国―<br>・減税で勢力をのばしたイスラム帝国<br>・社会保障の先駆けだった出挙<br>・修理できなかった羅城門 | ・修理できなかった羅城門<br>・貧富の差が生んだ唐の繁栄<br>・貿易で力をつけた平氏①<br>・貿易で力をつけた平氏② |
| 中世 | ・政府の成立要件<br>　―鎌倉幕府―<br>・利益を優先した足利義満<br>・日明貿易廃止の謎<br>・徳政令で得する人、損する人<br>・兵農分離の経済効果 | ・日明貿易廃止の謎<br>・徳政令で得する人、損する人<br>・織田信長の経済政策②<br>　―強さの秘密は経済政策―<br>・兵農分離の経済効果 | ・制度が生み出した者たち<br>　―倭寇―<br>・ザビエルからみる国際情勢<br>・キリシタン大名の本当のねらい<br>・織田信長の経済政策①<br>　―比叡山延暦寺焼き討ち―<br>・織田信長の経済政策②<br>　―強さの秘密は経済政策―<br>・兵農分離の経済効果<br>・秀吉はどうして朝鮮侵略を行ったのか |
| 近世 | ・江戸幕府の財政的欠陥<br>・経済発展の基盤をつくった生類憐みの令<br>・吉宗は名君か①<br>・吉宗は名君か②<br>・経済を熟知した老中・田沼意次の改革<br>・社会保障を充実させた松平定信 | ・江戸幕府の財政的欠陥<br>・経済を熟知した老中・田沼次の改革<br>・社会保障を充実させた松平定信 | ・「天下の台所」をつくった男<br>・経済・文化を支えた昆布ロード<br>・経済を熟知した老中・田沼次の改革<br>・天明の飢饉は天災？人災？ |
| 近代 | ・金で勝ち、金で負けたナポレオン<br>・アメリカの発展①<br>　―国土買い取りの経済効果―<br>・薩摩藩の藩政改革①<br>　―調所広郷の財政改革―<br>・薩摩藩の藩政改革②<br>　―島津斉彬の改革―<br>・田中正造のメッセージ<br>・伊庭貞剛のメッセージ<br>・経済の視点で領土拡大を批判した男―石橋湛山― | ・イギリスの繁栄①<br>　―マグナカルタ―<br>・お酒で賄った日清戦争の戦費 | ・イギリスの繁栄②<br>　海賊を利用したエリザベス女王<br>・イギリスの繁栄③<br>　―国債と銀行―<br>・金で勝ち、金で負けたナポレオン<br>・アメリカの発展②<br>　―第一次世界大戦とエネルギー革命―<br>・坂本龍馬は何をしたのか<br>・お金で成功した廃藩置県<br>・明治政府の財政難を救った渋沢栄一 |

# ❶ 政府の政策とは

政府は、次のようなとき、経済に介入しなければなりません。

## （1）効率性が下がったとき

効率性が下がるとは、モノとお金のバランスがとれていない場合と、資源の分配にムダが生じている場合です。

モノとお金のバランスがとれていない場合とは、モノが多すぎるか、お金が多すぎるかです。モノが多すぎる場合、お金の価値が高まり、デフレーションになります。この場合、政府は、公共事業を増やして仕事を与える、税制を見直して資源を再分配するなどの政策を行います。

反対に、お金が多すぎる場合、お金の価値が下がり、インフレーションになります。この場合、政府は、市場に出回っているお金の量を減らす政策を行います。

また、資源の分配にムダが生じている場合とは、例えば、特定の場所に資源やお金が集まったり、お金がうまく循環していなかったりする場合です。このような場合、政府は、資源やお金が多く集まっているところから徴収する税を増やしたり（累進課税など）、経済が活性化する仕組みを導入したりする政策を行います。

## （2）公平性が下がったとき

市場で一部の個人や団体が、不当に利益を得ている場合、不平等が起きている場合には、政府は経済に介入し、公平なシステムをつくり直し、経済を活性化させなければなりません。例えば、一つの企業がある商品の市場を独占している場合、市場の働きが失われるので、消費者の不利益が大きくならないように政府が介入する必要があります。

これらの政府の介入がうまくいけば、経済は良い方向に動き、国も民衆も豊かになります。政府は支持を得ることができます。

しかし、介入がうまくいかなければ、経済は回復せず、民衆は苦しみます。政府は支持を得ることができず、力を失っていきます。

## ❷ 歴史における政府の政策

江戸幕府の老中、田沼意次は、不況だった当時の社会を活性化させ、財政再建に挑んだ人物です。

当時は、幕府の財政難と社会の不況で、武士も庶民も苦しんでいました。経済の効率性が下がり、お金がうまく回っていなかったのです。このような状況のとき、政府は経済に介入しなければなりません。

そこで、経済をよく理解していた田沼は、次のような政策を取りました。

まず、株仲間を奨励し、その商人たちから税を取りました。すると、商業は発達し、経済が活性化していきました。また、税収が増えることで、幕府の財政も潤いました。

それだけでなく、交易にも力を入れ、交易によって幕府の財政はさらに潤いました。また、希少品が市場に出回り、経済もさらに活性化されました。

このように、市場の働きで解決しない場合、政府が介入する必要があり、政府の経済政策がうまくいくと、国は発展します。

## ❸ 政府の政策に関する法則

**政府の政策に関する法則**は、次の4つです。

---

**法則1：経済政策がうまくいくと、国は発展する。**
**法則2：国民のインセンティブに合致すると、国は安定する。**
**法則3：市場の効率性が下がったとき、政府が介入する必要がある。**
**法則4：市場の公平性が下がったとき、政府が介入する必要がある。**

---

# ❶ 税とは

「税」は、本来「政府の政策」に含まれるものですが、重要な視点なので独立させて１つの視点としています。

これまでの歴史学習では、「重い税に苦しんだ」、「年貢を納めるのに苦しんだ」など、「税」＝「悪」のイメージが強かったのではないでしょうか。では、本当にそうなのでしょうか。税は、そもそも、何のためにあるのでしょうか。

税は、次のような役割があります。

## （1）資源を再分配する役割

お金やものが一部のところに集まり、偏りが出ると、生活が苦しくなる人々が出てきます。資源の配分に偏りが出過ぎないように、税を徴収します。

　例）資源の多いところ、豊かなところから、税を多く徴収する。

## （2）もうからないサービスを提供する役割

経済の領域１「意思決定」でみたように、人は利益がコストを上回らないと、行動を起こしにくくなります。つまり、もうからないことはしないのです。そこで、もうからなくても、全体のことを考えると、した方が全体の利益になることを、政府が徴収した税を使って、行います。

　例）みんなの使う場所・ものを整備する。
　　　病院などのサービスを安く受けられるように制度を整える。

# ❷ 歴史における税

歴史における税のポイントは、上の２つに加えて、次のものがあります。

「徴税システムがうまくいくと、国は発展する。うまくいかないと、国も民衆も苦しくなる。」

世界の歴史上、これまで様々な国が成立し、滅んでいきました。そして、栄える国には、共通点があります。軍事力だけでは、国は豊かになりません。適切に税を徴収し、民衆のために適切に運用すると、国は栄え、民衆も豊かになります。しかし、税を取り過ぎたり、民衆のためにならない運用をすると、民衆の生活が苦しくなり、不満がたまり、国が滅んでいきます。

例えば、ローマ帝国は、古代ヨーロッパにおいて繁栄した国として知られています。

征服した地域の人を奴隷とするのでなく、市民としての権限を与えました。そして、その見返りとして税を納めさせたのです。逆に言うと、「金さえ払えば、今までと変わらない生活ができる」ということです。征服された人々の不満を減らし、逆に支持を集めたのでした。国と征服地の人々との利害が一致したのです。

また、領土内の道路などのインフラの整備を進め、人の移動や物資の運搬もスムーズにしました。そして、浴場などの整備を進めることで、市民にも住みやすい生活を保障したのです。

このように、ローマ帝国は、新しく征服した地域も含めた人々に税を納めさせることで、発展していったのでした。

## ❸ 税に関する法則

**税に関する法則**は、次の3つです。

---

**法則1：税は、資源を再分配する役割がある。**

**法則2：税は、もうからないサービスを提供する役割がある。**

**法則3：徴税システムがうまくいくと、国は発展する。**

　　　　　**徴税システムがうまくいかないと、国も民衆も苦しくなる。**

---

# ❶ 経済システムとは

　経済を活性化させるシステムは、さまざまなものが含まれます。ここでは、特に、次のものに注目します。

　　① 利益の増えるシステム
　　② 効率的に資源を循環させ、経済を活性化させるシステム

　利益の増えるシステムとは、自分たちの、もしくは社会全体の利益が増えるように、しくみをつくることです。経済を活性化するシステムとは、ムダをなくし、モノやお金が動くしくみをつくることで、その利益を得る人を増やすことです。

　交易などにより、モノとモノ、モノとお金を交換することで、基本的にはお互いに利益が増えます。これを継続的に行うシステムをつくることで、利益が継続的に期待できます。

　例えば、交易ルートをうまく利用する方法があります。蒸気機関が実用化されるまでは、交易は水運を利用していました。そのため、縄文時代も江戸時代も、交易ルートは水運のよい海岸沿いや川沿いになります。そこで、海岸沿いや川沿いを整備し、取引ができるようにすることで、そこに人・モノ・お金が集まり、商業が行われます。便利で得をするシステムができれば、多くの人がそこに集まります。すると、経済が活性化していきます。

# ❷ 歴史における経済システム

　歴史においても、利益の増えるシステム、経済を活性化させるシステムをつくった人物、利用した人物は、経済的に豊かになるだけでなく、力もつけていきました。

　例えば、藤原氏は、平安時代に栄華を極めた貴族です。その理由の一

つが、自分たちに利益が集まるような経済システムをつくったことです。

　743年に出された墾田永年私財法によって、藤原氏は大きな利益をもつようになります。墾田永年私財法によって、新たに開墾した土地であれば、いつまでも自分のものにしてよいと認められました。開墾するためには、多くの人手と財力が必要なので、有力な貴族（藤原氏など）や寺社が土地（荘園）を独占するようになります。荘園を多く集めた貴族の代表である藤原氏は、平安時代に栄華を極めるようになっていきます。

　しかし、墾田永年私財法によって、律令制は崩壊し、国にお金が入らなくなりました。都は劣悪な状況になり、お金のない政府は都の状況を改善することができませんでした。

## ❸ 経済システムに関する法則

　**経済システムに関する法則**は、次の3つです。

> **法則1：利益の増えるシステムをつくると、力も高まる。**
> **法則2：資源を循環させるシステムをつくると、経済が活性化する。**
> **法則3：経済的なニーズに合わない制度は、ニーズの高い方に変更される。**

　本章では、「0．前提」も含めた4つの領域、合計9つの経済の視点を解説しました。次頁に、一覧表を載せています（表7）。

　次章では、これらの経済の視点を使って、どのような学習ができるのかを解説します。

| 経済の領域 | 経済の視点 | 法則例 |
|---|---|---|
| 0. 前提 | 0−1. 希少性 | ①あらゆる資源には、限りがある。<br>②少ないものは貴重で価値があり、多くの人がそれを求める。<br>③希少なものをもっている、または扱えると、優位である。<br>※歴史に影響を与えた希少物<br>　鉄、技術品、鉛・硝石、銅、石炭、石油、レアメタル |
| | 0−2. トレードオフ | ①一方をとると、もう一方をあきらめなければならない。<br>②トレードオフは、ものやお金だけでなく、時間や将来の結果も含まれる。<br>③「効率」と「公平」がトレードオフになる場合がある。 |
| 1. 意思決定 | 1−1. インセンティブ | ①報酬は、行動を引き起こしやすくする。（利益・富）<br>②ペナルティは、行動を起こしにくくする。<br>③お金以外のインセンティブも、行動に影響を与える。（権力を握る、優位に立つ） |
| | 1−2. コスト | ①判断・行動は、インセンティブがコストを上回った場合に起こる。<br>②コストは、お金だけではない。<br>③機会費用も、コストに含まれる。 |
| 2. 影響 | 2−1. 市場 | ①価格は、売り手と買い手との関係で決まる。<br>②供給量が増えると、価格は下がる。<br>　需要量が増えると、価格は上がる。<br>③売り手に競争が起こると、価格は下がる。<br>　買い手に競争が起こると、価格は上がる。<br>④消費が増えると、経済が活性化され、景気がよくなる。 |

| 経済の領域 | 経済の視点 | 法則例 |
|---|---|---|
| 2. 影響 | 2－2. 交易 | ①交易すれば、お互いの利益が増える。<br>②流通が発達すると、交易は増える。<br>　流通に便利な立地で、交易は行われる。<br>③税や規制は、交易を妨げるので、全体の利益は下がる。 |
| 3. 経済全体の動き | 3－1. 政府の政策 | ①経済政策がうまくいくと、国は発展する。<br>②国民のインセンティブに合致すると、国は安定する。<br>③市場の効率性が下がったとき、政府が介入する必要がある。<br>④市場の公平性が下がったとき、政府が介入する必要がある。 |
| | 3－2. 税 | ①税は、資源を再分配する役割がある。<br>②税は、もうからないサービスを提供する役割がある。<br>③徴税システムがうまくいくと、国は発展する。<br>④徴税システムがうまくいかないと、国も民衆も苦しくなる。 |
| | 3－3. 経済システム | ①利益の増えるシステムをつくると、力も高まる。<br>②資源を循環させるシステムをつくると、経済が活性化する。<br>③経済的なニーズに合わない制度は、ニーズの高い方に変更される。 |

　第4章では、これらの経済の視点をもとに、事例を紹介していきます。そして、どの経済の視点が関係しているかがわかるように、各頁の右下に表をつけています。

# 1 経済の視点を取り入れた学習法

　本章では、経済の視点を取り入れた学習法をご紹介します。

　理想とする学習は、歴史のできごとについて、歴史・地理・経済など、様々な視点（見方・考え方）で分析し、当時の社会状況や人々の判断・行動を理解し、それを現代社会に応用する力をつける学習です。しかし、ここでは、明日の授業ですぐに使えるような、経済の視点をちょっと取り入れた「ネタ挿入型」から、カリキュラム全体で経済の視点を取り入れる型まで、3つの型を示します。

## ❶ ネタ挿入型

　すぐに取り入れやすいのが、「ネタ挿入型」です。次章に取り上げる経済の視点のネタを、先生の解説にちょこっと加えてもよし、発問して考えさせてもよし、資料から考えさせるとなおよし、先生の取り入れやすいところから経済の視点を取り入れていきましょう。次第に、子どもたちの見方・考え方の中に、経済の視点が加わっていきます。

## ❷ 単元構成型（数時間）

　経済の視点を柱として、数時間の単元を構成します。「へぇ～」で終わるネタの解説に留まらず、単元内で経済の視点を用いて歴史をみて、その視点を使って判断・評価し、別の事例に応用します。ここでは、単元構成型の3つの学習を取り上げ、次項～で紹介します。

・**経済視点の系統的学習**
・**政策評価学習**
・**意思決定学習**

# ❸ カリキュラム構成型（通年）

　歴史学習のカリキュラム全体では、下の表の枠組みでカリキュラムを構成し、単元を設計します（表8）。

　古代は、歴史を学び始める導入段階であり、史資料も限られています。そこで、歴史における概念と現代に応用できる視点を獲得・応用することを目的とする、探究型学習を中心に行います。「なぜ〜か」という問いに対して、経済の視点を取り入れて原因を分析していきます。

　中世・近世は、概念や視点を獲得し、それらを用いて政策を評価することを目的とする、政策評価学習を中心に行います。「どちらが良い（正しい）か」、「〜は良い（正しい）か」などの問いに対して、経済の視点を取り入れて原因を分析し、その政策を判断・評価していきます。

　近代・現代は、概念や視点を獲得し、それらを用いて社会的論争問題への意思決定を行い、解決を図ることを目的とする、意思決定学習を中心に行います。解決しがたい社会的論争問題に対して、経済の視点だけでなく様々な視点から当時の状況を分析し、解決策を考えていきます。

■表8　時代区分ごとの歴史学習の目的と学習方法

| 時代 | 目的 | 学習方法と課題（発問）の形式 |
|---|---|---|
| 古代 | 歴史における概念と現代に応用できる視点を獲得・応用する。 | 探究型学習<br>「なぜ〜か」 |
| 中世・近世 | 概念や視点を獲得し、それらを用いて政策を評価する。 | 政策評価学習<br>「どちらが良い（正しい）か」<br>「〜は良い（正しい）か」 |
| 近代・現代 | 概念や視点を獲得し、それらを用いて社会的論争問題への意思決定を行い、解決を図る。 | 意思決定学習<br>「どちらが良い（正しい）か」<br>「〜は良い（正しい）か」<br>「〜はどうすれば良い（正しい）か」 |

# 2 経済視点の系統的学習

まず、紹介する学習法は、「経済視点の系統的学習」です。歴史のできごととしては、一見何の関係もない遠く離れたできごとでも、経済の視点でみると、共通性がみつかります。歴史のできごとを経済の視点でつなぐことで、現代社会をみる視点を養うことができます。

例えば、次のできごとで考えてみましょう。

・豊臣秀吉の朝鮮侵略
・大坂の陣
・西南戦争

これらは、一見何のつながりもないできごとにみえます。しかし、経済の視点でみると、共通点がみえてきます。

## ❶ 授業の流れ

### (1) 経済視点の学習―秀吉の朝鮮侵略―

まず、豊臣秀吉の朝鮮侵略の学習です。当時は、日本全国が統一され、国内に戦がなくなっていった時期です。すると、武士は仕事がなくなり、出世のチャンスもなくなります（雇用問題）。すると、武士に不満がたまります。

その状況を改善するために、秀吉は、大陸に進出することで、武士の仕事と新たな領地を生み出そうとしたのです。

経済の視点で、社会の変化によって起こった雇用問題への対策だったことを学び、それを踏まえてその是非を考えます。

### (2) 経済視点の応用①―大坂の陣―

次に、大坂の陣です。当時は、江戸幕府ができ、幕府による体制が整

備されていった時期です。その中で、戦が仕事だった武士は、官僚の仕事を担うようになります。しかし、当時の武士全員を雇うことはできず、リストラによって仕事を失う武士が続出しました（雇用問題）。つまり、社会状況として、武士の仕事がなくなるという、秀吉の朝鮮侵略のときと似た状況になったのです。そこで、最後の希望で豊臣側に浪人武士が集まり、大坂の陣が起こったのです。

（1）の学習を受け、共通点を子どもたちがみつけ出すことで、経済の視点で見る力が養われます。

### （3）経済視点の応用②─西南戦争─

そして、西南戦争です。当時は、武士の世が終わり、明治政府による新たな国づくりが始まった時期です。それまでの特権が失われ、仕事をなくした武士は不満を募らせました（雇用問題）。つまり、社会状況として、武士の仕事がなくなるという、秀吉の朝鮮侵略、大坂の陣のときと似た状況になったのです。そこで、最後の希望であった西郷隆盛を担ぎ上げ、西南戦争が起こったのです。

（1）、（2）の学習を受け、共通点を子どもたちがみつけ出すことで、経済の視点でみる力がさらに養われます。

## ❷ 授業のねらい

### （1）歴史における社会構造を捉える

歴史のできごとを知るだけでなく、なぜそのできごとが起きたのか、社会背景はどうなっていたのかを考えることで、社会構造を捉えていきます。社会構造を捉えることで、歴史のより深い理解につながります。

### （2）学習した経済の視点を、別の事例に応用する。

経済の視点を一つずつ学習するだけでは、実際の社会でその視点を使うことはできません。歴史学習の中で、似たような事例に応用し、経済の視点を別の事例に応用する力を養います。

# 3 政策評価学習

次に紹介する学習法は、「政策評価学習」です。

## ❶ 授業の流れ

### （1）観点別・立場別に評価する

　学習した人物の政策を、経済を含めた複数の観点で多面的に評価します。子どもがもらう通知表のようなイメージです。各観点の採点を通知表と同じように5段階で評価し、その理由を記述します。次に、武士・庶民・商人など、立場別に政策を5段階で多角的に評価し、その理由を記述します。

### （2）総合評価を行う

　そして、総合評価を5段階で表し、理由を200字程度で記述します。先に観点別（多面的）・立場別（多角的）に記述しているので、その記述を利用することで負担感なく記述することができます。

### （3）グループで議論する

　評価を書いた後に、グループで採点の違いを議論します。学習した政策に対するそれぞれの解釈が異なるので、より深い学びになります。クラス全体で議論してもいいですし、議論の後に自身の採点を変更してもかまいません。

### （4）クラスオリジナルの政策パラメータをつくる

　最後に、クラス全員の採点を集計し、クラスオリジナルの政策パラメータをつくります。歴史学習全体を通して、同じ観点で政策評価を行うことで、政策同士の比較をすることもできます。

■表9　徳川吉宗の観点別評価（例）

| 観点 | 採点 | 理由 |
|---|---|---|
| ①経済 | 1 | 経済を活性化できず、財政を立て直せなかったから。 |
| ②福祉 | 5 | 庶民のことを考えて、様々な政策を行ったから。 |
| ③その他 | 4 | リーダー性を発揮し、様々な改革を行ったから。 |

■徳川吉宗の立場別評価（例）

| 観点 | 採点 | 理由 |
|---|---|---|
| ①武士 | 1 | 倹約ばかりで生活が窮屈だから。 |
| ②庶民 | 3 | 経済は活性化しなかったが、目安箱を設置したから。 |
| ③商人 | 1 | みんな金を使わなくなって売り上げが下がったから。 |

## ❷ 授業のねらい

### （1）人物を通して、歴史を学ぶ

　人物に焦点をあてると、子どもの興味は高まります。また、人物の行動から歴史を捉えることで、歴史も理解しやすくなります。

■徳川吉宗のパラメータ（例）

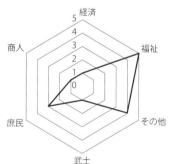

### （2）歴史を解釈する

　歴史を事実として捉えるのでなく、社会背景や人物の意図を理解した上で解釈していくことで、現代に応用できる力を育成していきます。

### （3）現代に通じる力を育成する

　現代にも通じる観点で多面的・多角的に政策を評価することで、歴史を現代の視点で捉えたり、現代の政策の判断に応用したりする力を育成します。

# 4 意思決定学習

　最後に紹介する学習法は、「意思決定学習」です。歴史のできごとや政策の中の二者択一の問題に対して、どちらがより望ましいかを考え、議論する学習法です。

## ❶ 授業の流れ

　例えば、足尾銅山鉱毒事件では、「政府は銅の採掘を中止させるべきか」という問いに対して、賛成・反対に分かれて議論します。

### （1）当時の状況理解

　まず、当時の政府の方針である富国強兵政策、殖産興業政策を取り上げ、そのプラス面である近代化、日清・日露戦争の勝利、帝国主義への仲間入りを果たしたことを学習します。

### （2）当時の社会問題の把握

　次に、マイナス面である公害問題を取り上げ、被害状況やその改善に向けて取り組んだ田中正造の活動を学習します。

### （3）問題に対する解決策の分析

　そして、「政府は銅の採掘を中止させるべきか」という問いに対して、当時の政府の立場、企業の立場、国民の立場、地域住民の立場ごとに、メリット・デメリットを考えます。この時に、当時の社会状況や価値観を踏まえて考えることが重要です。経済の視点を用いながら、それぞれのメリット・デメリットを整理します。

### （4）自身の立場とその理由の記述

　その後、当時の状況を理解した上で、政府がとった解決策に対して、

賛成・反対の立場を決め、理由を記述します。経済の視点を用いて、短期的な損得だけでなく、長期的にその解決策が良かったのかを考えます。

## （5）議論

グループ、もしくはクラス全体で、賛成・反対に分かれて議論します。

## （6）意見文の作成

最後に、自身の考えを、200字意見文として作成します。「田中正造からのメッセージ」、もしくは「田中正造へのメッセージ」のように、子どもが書きやすいように課題を変化させてもよいです。

# ❷ 授業のねらい

## （1）正解のない課題に取り組む

歴史は、結果がわかっているので、正解のある学習になりがちです。しかし、「どうすべきだったか」、「どうしてそうなったのか」などの解釈に正解はありません。事実と事実をつなぐ解釈を考えるのが歴史の醍醐味です。資料をもとに「どうすべきだったか」を考える力は、歴史学習以外の場面でも使える力です。

## （2）多面的・多角的に考える

どちらかを選ぶときには、選ぶ基準が必要になります。一つの問題を、経済成長と公害問題など多面的に分析し、それぞれの立場で多角的に考える力を養います。

## （3）広い視野で経済の視点を働かせる

経済の視点と言っても、どの視野でみるかで、考えは変わってきます。目の前の経済成長だけをみると、銅の採掘を続ける方が良いという考えになるでしょう。しかし、長い目でみると、経済的にもデメリットが大きいことがみえてきます。

# 「経済」とは

　「経済」という言葉は、古代中国の「経世済民」に由来します。「経世済民」とは、「世を経め、民を済う」の意味で、政治・統治・行政など国を治めること全般を指す言葉でした。一方、現在は、economy の訳語としての意味合いが強く、モノやお金の流れやその仕組みに関する領域に限定されています。

　本書では、歴史をみるための経済の視点を「意思決定」、「影響」、「経済全体の動き」の３つの領域に分けて解説しています。それは、歴史も経済も、どちらも主体は個人の判断や行動、つまり「意思決定」にあるからです。

　経済と言っても、お金に関することだけではありません。「インセンティブ」と「コスト」、別の言い方だとメリットとデメリットを考え、合理的に意思決定していきます。ただし、その意思決定が真に合理的になるとは限りません。

　人の行動には、必ず原因と結果があります。歴史学習では、その分析を通して、社会のしくみを理解していきます。そして、個人の意思決定に注目することで、その意思決定が正しかったのかを評価し、自分自身の視点として生かせるようになります。歴史の学習を通して、現代に応用できる力を育成する。私が「意思決定」にこだわるのは、そのためです。

　一方で、歴史のできごとや人々の行動を評価したり、現代に応用したりするときには、「経世済民」、「世を経め、民を済う」という視点をもってほしいと考えています。それは、経済の視点を「個人の利益のため」に用いるのでなく、「世のため、みんなのため」に用いる態度を、歴史学習を通して身につけさせたいと考えているからです。ただし、そのまま教えれば、価値の押し付けです。意思決定や政策評価の学習を通して、そういった視点を獲得できるように、経済の視点を意図的に構成しています。

　経済の視点を取り入れた歴史学習には、私のそういった願いが込められています。

# 経済の視点で歴史学習実践
## 古代

古代文明

縄文時代

古墳時代

奈良時代

平安時代

## 国が栄える条件①
# 古代エジプトの繁栄

**理解目標** •••••••••••••••••••••••••••••••••••••••••••••••••••••••••••••••••••••••••••••••••••

　古代エジプトは、ナイル川の近くという地理的要因だけでなく、徴税システムを整え、国の整備や民衆へのサービスを行うことで、国も民衆も豊かになったことを理解する。

**Q** 　**古代エジプトは、どうして栄えたの？**

　古代エジプトは、王（ファラオ）が絶大な力をもっていました。ピラミッドは、その象徴です。

　では、民衆はどうだったのでしょうか。実は、民衆も豊かな暮らしをしていたと言われています。貧しい家の人でも、かまどのある家に住むほど、豊かであったと言われています。

　どうして王も民衆も豊かだったのでしょうか。

### ① 国が栄える条件

　国が栄えるには、条件があります。それは、国の中の**モノやお金をうまく配分**することです。その方法の１つが**「徴税システム」**です。税金が多すぎると、民衆は苦しく不満が高まります。逆に、税金が少なすぎると、国のお金が足りず、十分な政治やサービスを行うことができません。また、税金のかけ方が不公平になると、民衆の不満が高まります。そして、徴収システムに問題があると、役人が自分の利益を増やし、それによって国のお金が足りなくなり、さらに民衆も苦しくなります。

## ② 古代エジプトを支えた、徴税システム

古代エジプトは、土地のほとんどが国有地（国のモノ）とされ、民衆はそれを国から借りて農業を営んでいました。税の徴収にも細かな決まりがあり、農作物・事業の売り上げ・輸出入・奴隷の保有など、様々なものに税が課せられていました。

古代エジプトでの税の徴収は、「セシュ」と呼ばれる役人が担当しました。彼らは、国から給料をもらい、税金を徴収する仕事を担当しました。そして、彼らを監視する機関もあり、「国民から余分な税金を取った役人は、鼻を切り落としてアラビアに追放する」という王からの命令があるほど、監視を徹底していました。

民衆から正しく税を徴収し、それを国が適切に利用して民衆にサービスを提供する。そうすることで、古代エジプトは王も民衆も豊かな暮らしができたのです。

### 経済の視点 •••••••••••••••••••••••••••••••••••••••••••••••••••••••••••••••••••••••••••••••••••••

徴税システムを整えると、国家の収入が安定し、国が豊かになる。

税を徴収する役人や、それを監視する人には、お金がかかる。

国が民衆から税を徴収し、国の整備や民衆へのサービスを提供する。国全体のお金の配分がうまくいけば、国は豊かになる。

【参考文献】• 大村大次郎『お金の流れでわかる世界の歴史』KADOKAWA、2015年

### 国が栄える条件②
# 古代エジプトの衰退

**理解目標** ●‥‥‥‥‥‥‥‥‥‥‥‥‥‥‥‥‥‥‥‥‥‥‥‥‥‥‥‥‥‥‥‥‥‥‥●

　古代エジプトは、徴税システムが崩れ、国の整備や民衆へのサービスを行うことができなくなり、民衆は苦しみ、国が崩壊したことを理解する。

## Q 古代エジプトは、どうして滅びたの？

　前項では、古代エジプトがどうして栄えたのかについて、**徴税システム**をもとに考えました。今回のテーマは、どうして滅んだのかです。

　古代エジプトの繁栄は、徴税システムの整備が理由であると述べました。国の繁栄にも条件があるように、国の衰退にも条件、一定のパターンがあります。

### ① 徴税システムが崩れると、国は崩壊する

　国の徴税システムがうまくいっている間は、国は栄えます。民衆も大きな不満がありません。しかし、徴税を担当する役人がズルをすると、そこから国の衰退がはじまります。

　徴税を担当する役人は、税を徴収するという大きな権限をもっています。さらに、それぞれの地域で徴税するため、国の監視が十分に行き届かなくなります。すると、役人は決まった以上の税を取り立て、自分の利益にしてしまいます。すると、税が増えるので、納められなくなる民衆が現れ、国の税収が減ります。国の税収が減っては困るので、国は税を増やします（**増税**）。すると、民衆はさらに税に苦しむようになり、不

満が高まります。そこに、国内の対抗勢力や、外国からの侵略を受け、国が滅んでいくのです。

## ② 徴税システムが崩れて崩壊した古代エジプト

　古代エジプトにも、同じことが起こりました。整備されていた徴税システムが崩れだしたのです。はじめは、徴税を担当する役人が、王にバレないように、民衆から余分に税を取り、自分の利益を増やしていました。王は減った税収を埋め合わせるために、税を増やします。すると、税を納められなくなった民衆は、農地を手放していきます。税収が減ると、国はナイル川の堤防修理などの**公共事業**が行えなくなります。そうなると、洪水の被害が拡大し、さらに民衆は苦しみます。農地を手放した民衆は、力のある宗教団体のところに逃げ込み、自分の土地や財産を守ってもらうようになりました（**寄進**）。力のある宗教団体には、国も手出しができなかったのです。

　こうして、古代エジプトは弱体化していったのです。一説では、古代エジプトの末期には、国の税収基盤は全盛期の半分になっていたとも言われています。**徴税システムの崩壊は、国の衰退に直結する**のです。この流れとまったく同じことが、古代の日本でも起こります。

> ①徴税の役人がズルをして、私腹を肥やす。
> ↓
> ②税が増えた民衆は、生活が苦しくなる。
> ↓
> ③税を納められなくなって逃亡する民衆が増え、国の収入が減る。
> ↓
> ④国が余計に税を増やす。
> ↓
> ⑤民衆はさらに苦しみ、不満が高まる。
> ↓
> ⑥国内が乱れ、国が滅ぶ。

### 経済の視点 ●‥‥‥‥‥‥‥‥‥‥‥‥‥‥‥‥‥‥‥‥‥‥‥‥‥‥●

**徴税役人の監視が甘くなると、役人は税を余計にとり、利益を得ようとする。**

**徴税役人の監視には、お金がかかる。**

**税をうまく徴収できないと、国の整備や民衆へのサービスを行うことができない。**

【参考文献】・大村大次郎『お金の流れでわかる世界の歴史』KADOKAWA、2015 年

# 3 古代文明  💎⚖🏅💰🛒🏛TAX📊

## 国が栄える条件③
# ローマ帝国

◤ 理解目標 ◢ ⋯⋯⋯⋯⋯⋯⋯⋯⋯⋯⋯⋯⋯⋯⋯⋯⋯⋯⋯●

　ローマ帝国は、外には領土拡大、内には公共事業を行うことで、強大で豊かな国に発展し、必要な費用は、新しく征服した地域も含めた人々に市民権を与え、税を納めさせたことを理解する。

　徴税システムの欠陥が国を亡ぼす原因となったことを理解する。

## Q ローマ帝国は、どうして繁栄し、どうして滅亡したの？

### ① ローマの繁栄

　ローマは、もともと小さな田舎町でした。当時の中心だったオリエントやギリシアから移民を多く受け入れ、彼らの技術を学び、彼らとの交易を通して、発展していきました。

　ローマ帝国の優れていた点は、次の2点でした。

### （1）征服した地域の人にも、市民権を与えた。

　征服した地域の人を奴隷とするのでなく、市民としての権限を与えました。そして、その見返りとして**税**を納めさせたのです。逆に言うと、「金さえ払えば、今までと変わらない生活ができる」ということです。征服された人々の不満を減らし、逆に支持を集めたのでした。国と征服地の人々との利害が一致したのです（**インセンティブ**）。

### （2）領土拡大と公共事業

　軍事力を背景に、領土を拡大していきました。そして、その土地で税

58

をとり、収入を増やし、さらに力をつけていきました。また、領土内の道路などのインフラの整備を進め、人の移動や物資の運搬もスムーズにしました。加えて、浴場などの整備を進めることで、市民にも住みやすい生活を保障したのです。**外からの収入を、内の社会保障に使った**のです。

このように、ローマ帝国は、外には領土拡大、内には公共事業を行うことで、強大で豊かな国に発展していきました。そして、それに必要な費用は、新しく征服した地域も含めた人々に市民権を与え、税を納めさせたのでした。

## ② ローマの衰退

しかし、ローマ帝国の繁栄も、長くは続きませんでした。衰退の原因は、これまでみてきたように、徴税システムの失敗でした。

税を徴収する役人が力をもつようになると、不正に税を徴収し、自分の利益にしてしまいます。すると、国の収入が減ります。また、国民は税に苦しみます。すると、国民の不満が高まり、各地で反乱が起こるようになっていきます。ローマ帝国は、強力なリーダーによる軍事力で、帝政として国は維持されましたが、根本的な解決にはなりませんでした。外からの侵入によって国は分裂し、崩壊していきました。

### 経済の視点 ••••••••••••••••••••••••••••••••••••••••••••••••••••••••••••••••

征服地の人から税を徴収できることで収入を増やし、市民が満足する国づくりを行い、栄えた。

征服地に市民権を与えたり、公共事業を行うには、お金がかかる。

ローマ帝国は、外には領土拡大、内には公共事業を行うことで、強大で豊かな国に発展し、必要な費用は、新しく征服した地域も含めた人々に市民権を与え、税を納めさせた。

税をうまく徴収できないと、国の整備や民衆へのサービスを行うことができない。

【参考文献】▪ 宇山卓栄『経済で読み解く世界史』扶桑社、2019年
　　　　　　▪ 大村大次郎『お金の流れでわかる世界の歴史』KADOKAWA、2015年

# 減税で勢力をのばした
# イスラム帝国

••••••••••••••••••••••••••••••••••••••••••••••••••••

　ムハンマドは、減税政策によって民衆の支持を得て、イスラム帝国の
勢力をのばしたことを理解する。

 **イスラム帝国は、
どうして急激に勢力をのばしたの？**

### ① 減税で勢力をのばしたイスラム帝国

　イスラム帝国は、どうして急激に勢力をのばしたのでしょうか。これも、
やはり徴税システムが関係しています。

　イスラム帝国の勢力をのばしたのは、ムハンマドです。ムハンマドは、
税を少なくする（**減税**）政策によって、急激にイスラム教徒を増やし、
勢力をのばしていったのです。

　当時は、ローマ帝国の末期です。前に触れたように、ローマ帝国の民
衆は、重税に苦しんでいました。当時、税金は、人に対して課せられる
**人頭税**と、土地に対して課せられる**土地税**がありました。

　ムハンマドは、「イスラム教に改宗すれば、人頭税を免除する」と宣言
します。イスラム教徒になることで、税の一つである人頭税から免れる
ことができ、土地税だけを納めればよくなったのです。すると、重税に
苦しむキリスト教徒が、イスラム教にどんどん改宗していきました。政府
と民衆のインセンティブが一致したのです。

また、税の徴収方法も、その地域の実情に合わせて納めやすい形で行いました。さらに、イスラム教に改宗しないキリスト教徒・ユダヤ教徒に対しても、「人頭税を納める」、「イスラム教徒に手を出さない」などのルールを守れば、安全な生活を保障していました。

　ムハンマドは、こうした政策によって、勢力をのばしていったのです。

## ② 徴税システムの崩壊が、国家を崩壊させる

　しかし、ムハンマドの死後、エジプトやローマと同じように、徴税システムが崩れました。

　地方の税を徴収する者が自分の利益を増やすために、余分に税を徴収したのです。すると、税を納められない者が出てきます。すると、国に税が集まらなくなり、減った税収を埋め合わせるために、さらに税を増やします（**増税**）。今まで納めなくてもよい特権であった、人頭税も復活させました。民衆の不満が高まり、イスラム帝国は衰え、分裂していったのです。

### 経済の視点 ●

税が安くなると、民衆は負担が減るので、政府の政策を支持する。

減税すると、国の収入が減る。

国が民衆から税を徴収し、国の整備や民衆へのサービスを提供する。
国全体のお金の配分がうまくいけば、国は豊かになる。
適度な減税は、民衆の支持を集める。

【参考文献】▪ 大村大次郎『お金の流れでわかる世界の歴史』KADOKAWA、2015 年

## 縄文時代の経済活動

---

**理解目標** ...........................................................................●

　縄文時代は、水上輸送によって、遠く離れた地域とも活発な交易が行われており、都市の多くは海沿い・川沿いに成立したことを理解する。

## Q 縄文時代に、経済活動はあったの？

　かつては、「縄文時代＝狩猟と採集の時代」、「弥生時代＝農耕の時代」と言われていました。しかし、現在は、縄文時代の後期から農耕が行われ、定住生活を送っていたことがわかっています。

　では、農耕が行われ、定住生活するようになった縄文時代後期に、経済活動は行われていたのでしょうか。縄文時代の遺跡をもとに、考えてみましょう。

### ① 縄文時代の経済活動

　遺跡内では、様々な作物が栽培されていた形跡があり、定住して農業が行われていたことがわかります。そして、遺跡内で発見されたものの中に、その場所ではとれないものが多く発見されています。例えば、沖縄のサンゴ礁、北海道の黒曜石、北陸のヒスイなどが、原産地と離れた遺跡で発見されているのです。どうして、遠く離れた場所のものが発見されるのでしょうか。

　それは、この頃から、遠く離れた地域との間で、交易が活発に行われていたということです（**交易**）。遠く離れた場所とのモノとモノのやりと

62

り、これは、立派は経済活動と言えるでしょう。

　もちろん、遠いところにモノを運ぶのはタダではありません。輸送費、労働力、時間などが、**コスト**としてかかります。しかし、そのコストを払ってでも余りあるほどの**インセンティブ**、つまりメリットがあったのです。

## ② 古代の都市発展の条件

　さらに、縄文時代後期から弥生時代の遺跡の場所に注目してみましょう。すると、各地の遺跡は、海沿いや川沿いなど、水辺の近くにあることがわかります。どうして水辺の近くに多いのでしょうか。

　それは、当時の輸送手段が、船だったからです。そのため、海沿い、川沿いに、都市は形成されていったのです。海沿い、川沿いに集落・都市が形成されるのは、日本だけでなく、世界的に見ても同じです。産業革命による新たな動力が誕生するまで、輸送に便利な海沿い、川沿いに集落・都市が形成されました。

　このように、縄文時代後期から、船による水上輸送によってモノは広範囲に渡ってやり取りされ、交易が行われていたのです。

### 経済の視点

サンゴ礁、黒曜石、ヒスイなどは、限りがあり、とれる場所が限られるので、希少であり、価値が高かった。

希少性のあるモノを交換することで、利益が得られる。

輸送には、輸送費、労働力、時間などのコストがかかる。

海や川を利用して、交易が行われたため、海沿いや川沿いに遺跡が多い。

【参考文献】▶ 大村大次郎『お金の流れで読む日本の歴史』KADOKAWA、2016 年
　　　　　　▶ 加藤健吉他『NHK さかのぼり日本史　外交篇 10』NHK 出版、2013 年
　　　　　　▶ 岡村道雄『縄文の生活誌』講談社、2002 年

# 鉄から見えるヤマト王権

**理解目標** ⋯⋯⋯⋯⋯⋯⋯⋯⋯⋯⋯⋯⋯⋯⋯⋯⋯⋯⋯⋯⋯⋯⋯⋯⋯⋯⋯⋯●

　ヤマト王権は、当時日本で生産できなかった鉄を朝鮮半島から手に入れ、それを使って優位に立ち、力をつけたことを理解する。

## **Q** どうしてヤマト王権は、力をつけたの？

　ヤマト王権は、3世紀頃から近畿地方を中心に勢力を誇った王権です。小さなクニが乱立していた状態から、周囲のクニに対して優位に立ち、古代国家を形成していきました。では、どうしてヤマト王権は、力をつけたのでしょうか。

### ① 生活を変えた鉄

　日本では、弥生時代の終わりごろから、農具の刃先に鉄が利用されるようになりました。それにより、生産力が大きく高まったのです。また、鉄は武器にも使われるようになりました。鉄は、国を豊かにするために、重要なものとなりました。

### ② 鉄を用いた対外政策

　しかし、この時代、鉄は日本でつくることができませんでした。そのため、朝鮮半島から輸入しなければなりませんでした。つまり、鉄は**希少性**の高いものだったのです。希少性の高いものは、高い**価値**があります。朝鮮半島からの鉄の**輸入**を独占したのが、**ヤマト王権**だったのです。以

前から朝鮮半島とつながりのあったヤマト王権は、日本の中で鉄を独占的に手に入れることができたのです。すると、日本各地の豪族は、ヤマト王権のもっている鉄をほしがります。そこで、ヤマト王権は、日本各地の豪族たちに鉄や技術を与える代わりに、貢ぎものや兵士の動員などを義務付けました。

ヤマト王権は、鉄を通して、他の豪族に対して優位に立ち、勢力をのばしていったのです。

## 経済の視点 ●

 鉄は当時日本で生産できなかったので、希少であり、価値が高かった。ヤマト王権は、希少性の高い鉄を朝鮮半島から手に入れ、それを使って優位に立ち、力をつけた。

 鉄を用いると、農具や武具の性能が上がるため、価値があり、鉄を分け与えることで、優位な立場に立った。

 鉄を手に入れるには、お金やリスクがかかる。

 朝鮮半島からヤマト王権、そして日本各地の豪族へ鉄が取引され、豊かになった。
希少性の高い鉄の交易によって、ヤマト王権は優位に立ち、勢力をのばした。

【参考文献】▪ 加藤健吉他『NHK さかのぼり日本史　外交篇 10』NHK 出版、2013 年

# 社会保障の
# 先駆けだった出挙

　出挙は、もともとは貧しい農民を救うための制度であり、他の税制度と合わせて、社会保障を充実させるための政策であったことを理解する。

## Q 出挙は、人々を苦しめるものだったの？

　出挙とは、農民に対して、稲作のもととなる種籾を貸し出し、その収穫の一部を返還させる仕組み、もしくはそれを行う者のことです。出挙と言えば、金貸しで人々を苦しめたというイメージがあるのではないでしょうか。確かに、時代が下るにつれて、そういったものに変わっていったということもあります。では、出挙の制度がはじまった当初は、どうだったのでしょうか。

　まず、当時の税制からみていきましょう。
　**班田収授法**により、中国の制度に倣って律令制度が導入されました。その代表的なものが**租・庸・調**です。

租…米の収穫高の３％程度を納めたものです。
　　納められた米は、一部は朝廷に送られました。残りの大部分は地方に保管され、その一部は賑給として高齢者や貧困者に支給されました。

庸…成人男子が、年に60日間の労役を行うものです。

　　労役の代わりに、布を2丈6尺納めることも認められました。

調…各地の特産物を納めるものです。

　　調が、朝廷の主要な財源となっていました。

　そして、貧しい農民の救済策として、出挙があります。出挙にも様々なものがありましたが、代表的な「公出挙」は、農民に種籾を貸し出し、秋の収穫高の50%の利息を返還させたのです。

　利息50%というと、とんでもない利息のように思われますが、種籾から十数倍の収穫が見込めることを考えると、決して厳しい利息ではありません。この時代の税制度を図にすると、下のようになります。

 種籾を手に入れられないときに、出挙によってコストを大きく上回る収穫が見込める。

 出挙は、秋の収穫時に利息を支払うリスクがある。

 国が民衆から税を徴収し、国の整備や民衆へのサービスを提供する。国全体のお金の配分がうまくいけば、国は豊かになる。

【参考文献】▪ 大村大次郎『お金の流れで読む日本の歴史』KADOKAWA、2016年

# 大都市成立の条件 奈良

●

　大都市成立には、①水、食料②エネルギー③交通・流通の要所の条件がある。奈良は、この条件を満たして栄えたが、交通・流通の要所から外れたため、衰退したことを理解する。

 **どうして奈良は栄え、そして衰退したの？**

## ① 大都市成立の条件

　都市の繁栄と衰退には、条件があります。次のものがあると、都市は繁栄します。

　①水、食料　　②エネルギー　　③交通・流通の要所

　人が住むのに、水は欠かせません。水がなければ、食料も確保できません。徳川家康も、江戸に入ってまず取り組んだのが、水の確保でした。古代から、都市は、川沿いや海辺など、水を確保できるところに成立しました。

　都市として繁栄するには、人々の生産活動や消費活動が欠かせません。そのために、エネルギーは必須です。古代なら木材、近代なら石炭、現代なら石油と、その時代ごとのエネルギーを確保できるところが潤い、都市が成立しました。

　人の行き来やモノの輸送に便利な要所であることも重要な条件です。交通・流通の要所には、人・モノが集まります。自然と交易が行われ、富が生まれます。すると、そこにはたくさんの仕事が生まれ、生産・消

費が活発になります。**陸路・海（水）路の要所に、都市は成立**しました。

## ② 政治の中心となった奈良

　昔は、現在よりも海面は高く、今の平野部は多くがもともと海や湿地でした。現在の大阪市も、ほとんどが海・湿地でした。そこから大和川を通った奈良盆地は、下のように①〜③の条件を満たしていました。

　①水も多く、食料も生産できます。

　②山で囲まれており、木材は豊富です。

　③当時の大阪湾から大和川のルートは、大陸のシルクロードからつながる交通の要所でした。そのため、大陸から伝わった品々が多数残っています。

　このような条件を満たしていたため、奈良は栄えました。

## ③ 奈良の衰退

　しかし、交通・流通の経路が、大和川から淀川に変わります。その原因は、平安京への遷都、技術の進歩、奈良盆地の広さの限界などです。交通・流通経路は、九州から瀬戸内海を通り、淀川から琵琶湖、陸路・海（水）路を通って東の北陸や中部、関東につながりました。奈良を通らなくなったのです。交通・流通の要所となった場所は、都市として発展し、奈良などの外れた場所は衰退していきました。

### 経済の視点 ...............................................................●

 交通・流通の要所は人が集まるため、利益を得やすく、大都市が形成される。

 新たに道路や建物を建設するには、コストがかかる。

 水、食料、エネルギー、交通・流通の要所の条件を満たすところに、大都市は成立する。
交通・流通の要所から外れた奈良は、衰退した。

【参考文献】▪ 竹村公太郎『日本史の謎は「地形」で解ける』PHP、2013 年

# 修理できなかった羅城門

　墾田永年私財法によって、律令制度は崩壊し、朝廷の税収が不足し、力ある者（貴族や寺社）に富が集中したことを理解する。

## Q どうして羅城門は、修理されなかったの？

　羅城門は、小説「羅生門」のモデルになった、平安京南側の正門です。国家の公共物

であり、首都の玄関口です。当時の都の劣悪な経済状況を象徴するように、荒廃し、倒壊しても再建されませんでした。

　一方、平等院鳳凰堂は、今も10円貨幣にデザインされているので、子どもたちもよく目にします。平安時代に、藤原頼通によって建てられたものです。

　どちらも、平安時代の建物です。藤原氏が豪華な建物を建てている一方で、首都の玄関口である羅城門は修理されなかったのです。どうしてなのでしょうか。

　理由は、政府に羅城門を立て直すお金がなかったのです。その原因は、奈良時代に出された**墾田永年私財法**にあります。

　743年に出された墾田永年私財法によって、新たに開墾した土地であれば、いつまでも自分のものにしてよいと認められました。これによっ

て、持ち主のいない空き地は減少しました。しかし、土地は天皇のものを借りているので税を納めるという、**律令制度**の原則が崩れました。また、開墾するためには、多くの人手と財力が必要になるため、有力な貴族（藤原氏など）や寺社が土地を独占するようになりました。力のある者に富が集中する仕組みができたのです。この土地は、**荘園**と呼ばれるようになり、平安時代には、広大な荘園を貴族や寺社が独占するようになり、国家（朝廷）に税が集まらなくなりました。

　**国家の税収が不足すると、民衆に必要なサービスができなくなります。**すると、生活に困る者がでてきて、都に生活できない者が集まります。そして、都が荒廃していきます。このように、平安時代、都は劣悪な環境で、国家の正門が修理できないほど経済的に苦しい状況でした。それに対して、荘園を多く集めた貴族の代表である藤原氏は、栄華を誇っていたのです。

　国家が税を徴収することで、国の整備や民衆へのサービスが提供できます。税がなければ、必要なサービスができなくなり、民衆が困ることになります。税は、民衆にとって、負担が多いと苦しいですが、民衆の生活のために、なくてはならないものなのです。

### 経済の視点

藤原氏にとって、墾田永年私財法は自分たちの利益になる制度である。民衆は、墾田永年私財法によって、自分の土地を守ってもらうために、力ある者に土地を預けるようになる。

国家のサービスには、お金が必要である。

国家が税を徴収することで、国の整備や民衆へのサービスが提供できる。

藤原氏は、自分たちの利益になるように、私有地が増える制度として、墾田永年私財法を制定させた。

【参考文献】▪ 井沢元彦『逆説の日本史3』小学館、1998年

# 貧富の差が生んだ
# 唐の繁栄

────**理解目標**────────────────────────────●

　唐は、適度な貧富の格差によって、富裕層が潤い、彼らの支援を受けて文化・芸術が栄えたことを理解する。

## **Q** どうして唐は繁栄したの？

　唐は、618 年に誕生し、経済的な発展ももちろんのこと、文化・芸術も大いに栄えました。古代から中世において、文化や芸術が栄えるには、経済の発展、特に富裕層の存在が欠かせません。どうして唐は、繁栄したのでしょうか。これには、貧富の格差が関係しています。

### ① 富裕層に支えられた唐

　隋の統治構造を引き継ぎ、唐でも中央集権的な政策によって、経済発展を遂げていきます。しかし、一方で、重税に耐え切れず土地を手放す人々がでてきます。すると、唐の政府も収入が減るので困ります。そこで、土地の売買を認め、放棄された土地を富裕層が所有することを認めました。すると、土地をもつ者は富を蓄え、大きな力をもち、税を免除される特権までもつようになります。この後、日本の平安時代にも起こることが、唐でも同じように起こっていたのです。

　では、唐の経済は、衰退していったのでしょうか。唐は、一部の富裕層によって支えられ、中央政府の力は衰えますが、国全体としては発展していきました。

## ② 国の経済成長の法則

　実は、富の配分と国全体の経済成長には、法則があります。

　道徳的には、みんなが平等に富を分け合うのがよいでしょう。それが、政府の役割でもあります。しかし、みんなで分け合うと、余分な富が生まれません。国の中で、余裕のある人がいない状態です。そうなると、経済は発展せず、停滞します。

　一方で、貧富の差が拡大し過ぎると、どうなるでしょうか。土地を手放した人は、生活ができません。もちろん、税も納められなくなります。税収が減ると、政府の力も弱まります。次第に、人々に不満がたまり、国全体が不安定になります。すると、各地で反乱が起きたり、別のものに政府がとって代わられたりします。

　このように、富の配分は、均等すぎても、偏りすぎてもダメなのです。

　適度に富裕層が潤うと、そこから消費が増えます。消費が増えると、生産者が潤います。そして、さらなる消費が生まれます。こうして、経済は活性化していきます。

　唐の時代、この富裕層の支援を受けて、文化・芸術が大いに栄えていったのです。

### 経済の視点

 富裕層が贅沢をすることで、お金が循環し、経済が活性化され、文化・芸術が栄える。

 貧富の差が拡大し過ぎると、国全体のコストが増え、国は衰退する。

 唐は、適度な貧富の格差によって、富裕層が潤い、彼らの支援を受けて文化・芸術が栄えた。

【参考文献】▪宇山卓栄『経済で読み解く世界史』扶桑社、2019 年

# 貿易で力をつけた平氏①

**理解目標** ......................................................................●

　平氏は、宋との貿易で希少性の高い品物を手に入れ上皇に献上したこと、豊かな国の国司に任命してもらい富を蓄えたこと、朝廷の権力争いの解決手段となることで力をつけ、絶大な権力を手に入れたことを理解する。

## Q 平氏はどうやって力をつけたの？

　平安時代後期の宋との貿易は、朝廷が独占していました。しかし、希少性の高い品物が集まり、利益を得られるので、朝廷に隠れて取引を行う者もいました。**経済の視点でメリットのあることは、権力者が禁止するだけではなくなりません。社会は、経済的にみて合理的な方に進んでいくのです（経済システム）。**

　平清盛の父、忠盛も、宋と密貿易を行い、たくさんの珍しい品物を手に入れました。忠盛は、その希少性の高い品物を市場で売って儲けるのではなく、当時の権力者である上皇に貢ぎました。つまり、タダであげたのです。

　忠盛は、貴重な品物を上皇に献上することで、上皇に気に入られ、豊かな国の国司に任命してもらいました。当時の国司は、国から決められた分の年貢を納めれば、残りは自分のものにできました。こうして、平氏は、富を蓄積していきました。

　国司になることで富を蓄積していった平氏は、貴族も無視できない存

在になっていきました。しかし、まだまだ身分の壁は厚く、政治に口出しすることはできません。貴族の命令を受ける「侍」の立場は変わりません。

　平清盛の頃になると、平氏は、朝廷の権力争いに加わる中で、徐々に朝廷の中で力をつけていきました。平氏を頼らないと政治が動かないようになっていきます。そして、保元の乱・平治の乱を通して、平氏は朝廷の中で、絶大な力をもつようになったのです。

　また、清盛は、日宋貿易の仕組みも変えました。当時の宋との貿易は、船での運搬などのリスクを回避するために、すべての工程を宋の商人に任せていました。利益のほとんどは、宋の商人が得る仕組みでした。博多では、日本人は貿易に手出しができません。そこで、清盛は、貿易の場所を変更します。大輪田泊（現在の神戸）を修築し、博多の宋商人を介さずに取引し、自分たちが利益を得られるようにしたのです。

## 経済の視点

宋からの品物（陶磁器、織物、薬品など）は珍しく、希少であり、価値が高かった。
平氏は、希少性の高い品物を上皇に献上し、上皇に気に入られ、豊かな国の国司に任命され、力をつけた。

平忠盛は、朝廷が禁止しても、日宋貿易を隠れて行い、希少性の高い品物を手に入れた。
平清盛は、大輪田泊を修築し、貿易の利益を得た。

大輪田泊の修築には、資金や労働力などの多大なコストがかかり、平氏への不満につながった。

日本の商人や平氏は、宋との密貿易によって利益を得、富を蓄えた。

平清盛は、大輪田泊を修築し、博多の宋商人を介さずに取引するシステムをつくることで、自分たちが貿易の利益を得られるようにした。

【参考文献】▪山田真哉『経営者・平清盛の失敗』講談社、2011年

# 貿易で力をつけた平氏②

　平清盛は、宋銭を輸入することで、物々交換が主流であった日本社会に貨幣経済を浸透させ、宋銭を独占的に入手できる自分たちの富を拡大させたことを理解する。

## Q 平氏はどうして 栄華を誇ることができたの？

　前頁では、平氏が宋との貿易によって富を蓄積し、朝廷の権力争いを解決することで、力をつけたことをみてきました。ここでは、さらに清盛の政策を取り上げ、どうして栄華を誇ったのかをみていきます。

　清盛は、宋との貿易で、様々なものを輸入しました。その中の一つが宋銭です。どうして、宋のお金を輸入したのでしょうか。

　当時の日本の取引は、物々交換が主流でした。以前には、お金による取引を広めようと、富本銭をはじめ、多くの貨幣を発行しましたが、広まりませんでした。

　お金は、基本的には便利なものです。軽くて持ち運びやすいからです。また、物々交換だと、人によって欲しいものが違ったり、価値が違ったりしますが、お金ならば基本的には価値は決まっています。

　しかし、そもそもお金はどうして価値があると言えるのでしょうか。今の紙幣そのものに、価値はありません。それをみんなが「価値がある」と認めるからお金としての価値があるのです。

　このように、お金には、①利便性（持ち運びやすい、交換しやすい）、

②普遍性（腐ったりして価値が変わらない）、③信用（価値があると誰もが認めること）の３つの条件が必要なのです。

　日本でも、富本銭をはじめ、たくさんの貨幣を発行しましたが、それを使うみんなが「お金」として価値を認めないと、いくら政府が「お金だ」と言っても広まっていきません。経済は、ルールだけでは動かないのです。

　その点、宋銭は、宋という大国の発行している貨幣なので、一般的な信用はあります。しかも、原料が銅なので、もし貨幣としての価値がなくなっても、溶かして銅として使うという方法もあり、価値が認められました。

　清盛は、宋銭を大量に輸入し、貨幣経済を日本に浸透させようとしました。物々交換から貨幣経済に変わることで、取引が便利になります。経済が活性化されます。そして、物々交換の時には限りのあった、富の蓄積ができるようになったのです。

　もちろん、清盛は日本社会の発展のためだけに宋銭を輸入し、貨幣経済を浸透させようとしたのではありません。自分も儲かるカラクリがあります。宋銭の輸入は、平氏が独占していました。ということは、平氏が好きなだけ宋銭をもつことができます。宋銭が市場で信用を得ると、みんな宋銭が欲しくなり、価値がどんどん高まります。日本で宋銭を一番持っている平氏が、絶大な富を誇ることができたのです。

### 経済の視点 ●

富裕層が贅沢をすることで、お金が循環し、経済が活性化され、文化・芸術が栄える。

貧富の差が拡大し過ぎると、国全体のコストが増え、国は衰退する。

唐は、適度な貧富の格差によって、富裕層が潤い、彼らの支援を受けて文化・芸術が栄えた。

【参考文献】▪ 山田真哉『経営者・平清盛の失敗』講談社、2011 年
　　　　　　▪ 山口慶一『気象と食糧から見た 21 世紀版日本の歴史─卑弥呼 - 戦国時代編─』アイシーアイ出版、2010 年

## 平安時代

# 平氏滅亡の謎

**理解目標** ･････････････････････････････････････････････････････････････････････●

　平氏は、商業を重視したために、源氏を代表とする農業を重視した勢力と対立し、西日本の飢饉によって富と力を失い、滅亡したことを理解する。

**Q** 　**平氏は、栄華を誇った5年後に、どうして滅んだの？**

### ① 平氏の経済政策

　平氏は栄華を極め、全盛期には、日本全国の約 1/3 を領地として治めていました。そんな平氏が、そのわずか5年後に滅亡します。当時の平氏政権の経済政策をめぐっては、意見の対立がありました。

　実際には単純に分けられませんが、表では政策を理解しやすくするために単純化して示します。

　平氏の政策は、商業重視の政策でした。そのため、商人が味方しました。しかし、米や絹を中心とする物々交換のシステムで利益を得ていた人々は、平氏の政策に反対しました。貴族や寺社、在地領主たちです。そして、農業を重視するこれらの勢力の代表として、源氏が兵を挙げたのです。源平の合戦は、単なる源氏と平氏の争いではなく、経済政策をめぐる争いも含んでいたのです。そのため、農業重視政策の代表者である源氏は、鎌倉幕府の政策として、土地を仲立ちとした、農業重視の政策をとっていきます。

78

| | 重視したこと | 味方についた他の立場の人々 |
|---|---|---|
| 源氏 | 農業 | 武士、貴族、農民 |
| 平氏 | 商業 | 商人 |

## ② 明暗を分けた飢饉

　そして、源平の合戦が始まります。富士川の戦いでは、平氏は大敗を喫します。『平家物語』では、平家の臆病さが原因と描かれていますが、本当の原因は何だったのでしょうか。

　それは、西日本の大飢饉です。当時、西日本は大飢饉であり、西日本を拠点とする平氏は、まともに兵力を確保することができませんでした。また、大飢饉によって、米がとれないために、米の希少性が高まります。すると、米の価値が上がります。反対に、お金をもっていても米を買えませんから、宋銭の価値が下がります。すると、宋銭を大量にもつことで栄華を誇っていた平氏は、大打撃を受けます。宋銭の価値が下がると、富が減ってしまったのです。

　一方の源氏が拠点とした東日本は、飢饉の影響を受けずに豊作でした。そのため、万全の態勢で戦に臨めました。こうした背景が、この富士川の戦いに影響したと言われています。一説では、源氏4万騎に対し、平家は2千騎の戦力差があったとも言われています。

### 経済の視点 ⋯⋯⋯⋯⋯⋯⋯⋯⋯⋯⋯⋯⋯⋯⋯⋯⋯⋯⋯⋯⋯⋯⋯⋯⋯⋯⋯⋯⋯⋯⋯⋯⋯⋯

米が不作になると、米の希少性が高まり、価値が高まった。
平氏は、領内の飢饉で米がとれず、富と力を失った。

商業を重視すると得をする人々は平氏を味方し、農業を重視すると得をする人々は源氏を味方した。

飢饉になると、米がとれず希少となり、米の価値が上がりお金の価値が下がる。

【参考文献】▪ 山田真哉『経営者・平清盛の失敗』講談社、2011 年
　　　　　　 ▪ 山口慶一『気象と食糧から見た 21 世紀版日本の歴史―卑弥呼―戦国時代編―』アイシーアイ出版、2010 年

# 古代

　本書では、歴史を古代・中世・近世・近代に分けています。この区分を疑問に思われる方もいらっしゃるでしょう。また、事例の位置づけも、前後関係を重視したため、違和感のある配置になっている部分もあるでしょう。この区分は、あくまで便宜的なものです。しかし、歴史をいくつかのまとまりに分け、その時期の特徴をつかむことは、重要なことです。

## ◉古代を捉えるポイント

## 「国の発展や衰退の共通点」

　古代のポイントは、年代も場所も様々に異なるにも関わらず、国の発展や衰退には共通点があることです。本書では、エジプト、ローマ帝国、イスラム帝国、唐、そして日本を事例に、その共通点を解説しました。このポイントは、解説の通り、現代の政治を考えるときにも役立つポイントです。

## ◎古代を教えるポイント

　歴史は、時代固有性（その時代特有のもの）と一般共通性（どの時代にも共通するもの）の双方から捉えることが求められます。古代では、歴史のできごとを「なるほど、そうだったのか」と知的に楽しく学び、共通点と相違点を見つけるように学習を進めていきます。古代から、時代固有性はもちろん、一般共通性のある視点でも捉えさせ、時代が下るにつれて、より精度の高い見方・考え方をつけていくように授業を展開しましょう。

第4章

# 経済の視点で歴史学習実践
## 中世

鎌倉時代

室町時代

戦国時代

安土桃山時代

政府の成立要件
# 鎌倉幕府

> **理解目標** ••••••••••••••••••••••••••••••••••••••••••••••••••••••••••••••••••••••••••••••••••••

　徴税権、軍事・警察権、人事権を、武士のインセンティブに合わせて掌握したことで、鎌倉幕府は成立したことを理解する。

## Q どうして源頼朝は、弟（義経）を討ったの？

### ① 武士のための政府をつくった頼朝

　武士で源氏より先に政権を握ったのは、平氏でした。中央政府（朝廷）の内乱の軍事解決に介入して力をつけ、政権を握りました。武士として、はじめての政権です。しかし、平氏のとった方法は、貴族が行ってきた政治を継続するものでした。

　平氏政権では、力をつけてきていた武士という新たな身分への対応が不十分で、武士は不満を募らせました。そこに目をつけた頼朝は、朝廷の力の及びにくい関東に拠点をつくり、武士のための新たな政府（鎌倉幕府）をつくったのです。

　それが有名な「御恩と奉公」です。御恩と奉公というと、絆や信頼関係など、精神面・感情面で語られることが多いですが、これこそが幕府の成立要件の肝なのです。

　武士は、頼朝に、土地と仕事（役職）を与えられました。それまで武士は、朝廷から決まった形での土地や仕事を与えられていませんでした。頼朝の政策は、当然武士としてはありがたい話です（**インセンティブ**）。その

見返りとして、「一所懸命」、幕府のために働く（**コスト**）という、契約関係でした。

　土地を与えられれば、そこには税が発生します。そして、頼朝は、領地に守護・地頭を置くことで、軍事・警察・徴税の仕事を担当させました。つまり、頼朝は、徴税権、軍事・警察権、人事権という政府の成立要件を手にしたということです。そして、その権利は朝廷から武力で奪ったのでなく、新たな身分で力をつけていた武士のインセンティブと合致する形で掌握したのです。まさに、武士のための政府をつくったと言えるのです。

　鎌倉幕府は、武士を社会システムに組み込み、権利を与えるという武士のインセンティブの上に成り立ったものだったのです。そのため、鎌倉幕府は、江戸幕府と違って、統治範囲は限定的で、全国に及ぶものではありませんでした。

## ② 軍事の天才、政治の素人の義経

　義経は、頼朝の考えを理解していませんでした。そのため、朝廷から官位を受け取ってしまったのです。これは、朝廷の人事権を認め、朝廷の力を高めることになり、頼朝の行っている新たなシステムづくりをぶち壊すものでした。だから、頼朝は、義経を討ったのでした。

### 経済の視点

それまで（平安時代）決まった位置づけがなされていなかった武士に、土地と仕事を与えることで、武士のための政府をつくった。

武士は、土地と仕事を与えられた見返りに、幕府のために働かねばならない。

政府は、徴税権、軍事・警察権、人事権をもつと成立する。それを武士のインセンティブに合わせて掌握したことで、鎌倉幕府は成立した。

【参考文献】・大村大次郎『お金の流れで読む日本の歴史』KADOKAWA、2016 年
　　　　　　・井沢元彦『逆説の日本史 5』小学館、2000 年

# 利益を優先した
# 足利義満

**理解目標**・・・・・・・・・・・・・・・・・・・・・・・・・・・・・・・・・・・・・・・・・・・・・・・・・・・・・・・・・・・・・●

　足利義満は、明の朝貢体制の傘下に入ることで、朝貢貿易によって莫大な利益を得て、国内での幕府の権力を高めたことを理解する。

## Q　足利義満は、どうして中国の子分になってまで、日明貿易を行ったの？

　1368 年に明が成立しました。明は、周辺の国との貿易の仕組みの整備を行い、中国が古くから行っていた朝貢貿易の体制を取りました。朝貢貿易とは、簡単に言うと、中国をトップ（親分）とし、周辺の国はその臣下（子分）とする体制に基づく貿易です。そのため、日本にとっては、中国が日本の親分であると認める、屈辱的な外交でした。

　では、どうして足利義満は、日明貿易を行ったのでしょうか。

### ① 朝貢貿易のメリット

　中国の周辺の国は、定期的に献上品を持って中国に遣いを送ります。それに対して、中国はその何倍もの金品を与え、中国の力を誇示するのです。つまり、中国に手土産をもって頭を下げることで、その何倍もの見返りがもらえるのです。

　室町幕府 3 代将軍足利義満は、1401 年に日明貿易を開始しました。日明貿易には、次のようなメリットがありました。

◎関税（貿易にかかる税金）がかからない。

◎貿易の使節や商人の滞在費は、明が負担してくれる。

◎朝貢品（明の皇帝に贈る品物）への価格以上のお金・品物がもらえる。

◎国同士だけでなく、商人による売買を認める。

　これらを合わせて、日明貿易は元手としてかかったコストの６倍以上もの利益があったと言われています（**インセンティブ**）。

## ② 朝貢貿易によって高まった国内の権力

　義満は、日明貿易で得た莫大な利益をもとに、幕府の権力を高める政策を行いました（**政府の政策**）。

　例えば、金閣の建設です。建物を金で覆った豪華な建物、この金閣の建設に、現代のお金にして600億円もかけたと言われています。こうした豪華な建物を建てることで、幕府の権力をアピールしたのです。

## 経済の視点

 コストの何倍もの利益があるので、明との朝貢貿易を行い、その富をもとに幕府の権力を高めた。

 明の子分になるという屈辱を味わう。

 朝貢貿易は、日本にとって経済的に有利な貿易であり、莫大な利益をもたらした。

 日明貿易を行うことで、幕府は富を蓄え、その富をもとに幕府の権力を高めた。

【参考文献】 ▪ 大村大次郎『お金の流れで読む日本の歴史』KADOKAWA、2016年
　　　　　　 ▪ 今谷明『室町の王権』中央公論新社、1990年
　　　　　　 ▪ 北村明裕『子ども熱中！中学社会アクティブ・ラーニング授業モデル』明治図書、2015年
　　　　　　 ▪ 橋本雄『NHK さかのぼり日本史　外交篇7』NHK出版、2013年

# 日明貿易廃止の謎

理解目標 ●‥‥‥‥‥‥‥‥‥‥‥‥‥‥‥‥‥‥‥‥‥‥‥‥‥‥‥‥‥‥‥‥‥‥●

　室町幕府は、荘園の広がりや南北朝の争乱の影響で直轄地が少なく、税の収入が少なかったために、日明貿易の元手を確保できず、日明貿易を廃止したことを理解する。

 **どうして4代将軍足利義持は、日明貿易をやめたの？**

### ① 安定した収入の少ない室町幕府

　足利義満の頃は、日明貿易で潤っていましたが、室町幕府は安定した収入が少なかったのです。その原因の一つは、荘園の広がりです。

　荘園とは、寺社など力のある人に守ってもらう私有地のことです。荘園が増えることによって、幕府の直接支配する土地は少なくなります。直接支配していた土地が少ないため、税金による収入が少なかったのです。

　さらに、南北朝時代には、大名を味方につけるために、味方になってくれる大名に土地を譲っていました。それにより、どんどん幕府の土地は少なくなりました。土地が少なくなると、その分、税の収入も少なくなります。そのため、幕府は使える資金が少なく、日明貿易の元手となる資金を払えなかったのです。

　日明貿易は、勘合貿易とも呼ばれるように、勘合符を使って貿易が行われました。勘合符は、代々明の皇帝から室町幕府の将軍に与えられ、

その数は皇帝1代につき100枚でした。幕府は、貿易をする権利をもっていながら、そのための元手となる資金がないために、日明貿易を行うことができなかったのです（**コスト**）。

　貿易にはお金がかかります。例えば、船にかかるお金、船員の給料、船員の食糧、貿易での輸出品代などです。日明貿易を1回行うのにかかる費用は、1万貫文以上、今のお金で言うと、500億円以上でした。その費用を払えなくなったために、日明貿易をやめたのでした。

### ② 室町幕府よりお金持ちだった守護大名

　日明貿易をやめても、明の皇帝から与えられた勘合符は、まだ余っています。幕府は、日明貿易に必要な勘合符を有力な守護大名に売り、お金を稼ぎました。勘合符は、1枚300貫文（およそ15億円）ほどで売られました。つまり、この時点で、室町幕府より有力な守護大名の方が、経済力があったのです。日明貿易を行った守護大名は莫大な利益を得て、さらに力を高めていきました。

### 経済の視点

 日明貿易は、最初のコストはかかるが、朝貢貿易のため莫大な利益を得ることができる。

 貿易をはじめるときには、初期費用がかかる。

 朝貢貿易は、日本側にとって、コストの数倍の利益をもたらした。

 室町幕府は、荘園の広がりや南北朝の争乱の影響で直轄地が少なく、税の収入が少なかった。

 税収が少ないと、国の整備や民衆へのサービスが提供できず、民衆の不満が高まる。

【参考文献】 ▪ 今谷明『室町の王権』中央公論新社、1990年
　　　　　　 ▪ 橋本雄『NHKさかのぼり日本史　外交篇7』NHK出版、2013年

# 徳政令で得する人、損する人

▶ 理解目標 ●·····

　室町幕府は、酒屋や土倉からの税収を主要な財源としており、徳政令を出すと税収も減るが、その要求に応えねばならないほど、室町幕府は脆弱であったことを理解する。

## Q 徳政令で、得する人・損する人はだれ？ （武士、農民、酒屋・土倉、幕府）

　徳政令は、幕府が、金を貸す者に対してその借金返済の免除を命じたものです。室町時代には、徳政令を求める一揆が多く発生しました。しかし、借金を免除すると、当然得する人、損する人が出てきます。

　では、上の４つの立場の人は、得をするでしょうか。それとも損をするでしょうか。

| 徳政令で… | 立場 | 理由 |
|---|---|---|
| 得する人 | 武士<br>農民 | お金を借りているので、借金がなくなると得をする。 |
| 損する人 | 酒屋・<br>土倉<br>幕府 | お金を貸しているので、お金が返ってこないと損をする。<br><br>酒屋・土倉からの税収が減るので、損をする。 |

　武士や農民は、お金を借りる方ですから、借金がなくなると得をします。一方で、酒屋や土倉は、お金を貸していたので、借金の返済が免除されると、貸したお金が返ってこないので、損をします。

では、幕府はどうでしょうか。室町幕府の主な税収の１つが、酒屋や土倉からの税金でした。そのため、酒屋や土倉の利益が下がると、幕府の税収も下がります。室町幕府は、自分たちが損をするのに、徳政令を出していたのです（**コスト**）。

　室町幕府は、お金に困っていました。日明貿易がなくなって以降、幕府の財源の多くは、酒屋・土倉からの税金（酒屋・土倉役）でした。幕府は、酒屋・土倉に金貸しを認める代わりに、税金を払わせていたのです。そのため、酒屋・土倉の利益が少なくなると、幕府にもお金が入らなくなり、損をしたのです。

　幕府は、自分たちが損をすることがわかっていても、その要求にこたえなければなりませんでした（**インセンティブ**）。それほど、室町幕府の権力は脆弱だったのです。

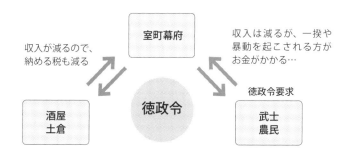

### 経済の視点 ••••••••••••••••••••••••••••••••••••••••••••••••••••••••••••••••

 **室町幕府は、自分たちの税収が少なくなっても、徳政令の要求に応えることで、社会を安定させようとした。**

 **徳政令を出すと、室町幕府の収入は減る。**

 **室町幕府は、酒屋や土倉から税を徴収し、主要な財源としていた。また、それに頼らざるを得ない脆弱な税収基盤であった。**

 **税収が少ないと、国の整備や民衆へのサービスが提供できず、民衆の不満が高まる。**

【参考文献】▪ 大村大次郎『お金の流れで読む日本の歴史』KADOKAWA、2016 年

## 5 室町時代

### 制度が生み出した者たち
# 倭寇

**理解目標** ●●●●●●●●●●●●●●●●●●●●●●●●●●●●●●●●●●●●●●●●●●●●●●●●●●●●●●●●●●●●●●●

　明の農業重視政策、「海禁」政策によって、土地をもたない者たちが倭寇となり、海で独自の不法な交易ネットワークを築いたことを理解する。

## Q どうして倭寇は生まれたの？

　倭寇とは、13 世紀から 16 世紀にかけて、朝鮮半島や中国大陸沿岸で海賊行為や商業行為を行っていた者たちです。倭寇は、朝鮮半島周辺での日本人の海賊行為を行っていた集団から始まりますが、全体としてみると、日本人の割合は多くて 20％ほどだったと言われています。残りは、14 世紀から 15 世紀は朝鮮人中心、16 世紀は中国人中心であったと言われています。

　人のモノを奪ったり、決まりを破ったりすることは、今も昔ももちろんいけません。しかし、どうして倭寇が生まれたかを考えることで、当時の状況がみえてきます。

### ① 明の政策と倭寇の関係

　1368 年に明が成立しました。明は、はじめは国外の国や地域との貿易である、**朝貢貿易**を盛んに行っていました。日本も足利義満による日明貿易（**勘合貿易**）を行い、富を得ていました。しかし、明は「北虜南倭」に悩まされるようになります。「北虜」とは、北の遊牧民族の脅威、「南倭」とは倭寇による被害です。そのため、明は「海禁」と呼ばれる政策で、

90

国外との貿易をストップしました。日本の江戸時代の鎖国のようなものです。

　しかし、**交易**は利益（富）を生みます。政府が一方的に禁止しても、経済的メリット（**インセンティブ**）のあることは、隠れてでも行われます。倭寇の活動は、そんな状況の中で活性化していきます。倭寇は、明の国内でできなくなった、商業行為、つまり交易を行い、生計を立てていたのです。

### ② 日本に鉄砲をもたらした倭寇

　1543年、日本に鉄砲が伝来します。ポルトガル船が漂着して鉄砲が伝わったと言われますが、ポルトガル船を日本に案内したのは、この日本海から南シナ海周辺で活動していた倭寇だったのです。

　倭寇とは、略奪を繰り返した悪いイメージばかりが語られます（もちろんその側面も忘れてはなりません）が、それを生み出したのは明をはじめとする周辺の国の政策だったのです。そして、商業活動によって、自分たちも、周囲の人たちも、利益を生み出す活動もしていたのです。

### 経済の視点 •••••••••••••••••••••••••••••••••••••••••••••••••

 明の農業重視政策、海禁政策によって、商業従事者はルールを破ってでも交易をする必要が出た。

 国の政策に反することや、貿易を行うことはリスクを伴う。

 交易は、お互いに利益を生むものであり、不合理な交易の禁止を行っても倭寇を介した新たな交易システムが生まれた。

 明の農業重視政策、「海禁」政策によって、土地をもたない者たちが倭寇となり、海で独自の交易ネットワークを築いた。

【参考文献】• 井沢元彦『逆説の日本史9』小学館、2005年
　　　　　　• 今谷明他『日本の居場所がよくわかる東アジア地図帳』草思社、2011年
　　　　　　• 山内譲『海賊の日本史』講談社、2018年

# ザビエルからみる 国際情勢

• • • • • • • • • • • • • • • • • • • • • • • • • • • • • • • • • • • • • • • • • • • • • • • • • •

　海外進出をめざしていたポルトガル国王の援助を受けて、ザビエルは日本に布教活動をしに来たことを理解する。

　商人を同行させることで、その利益の一部を布教活動にあてるなど、ヨーロッパ側は国王・イエズス会・商人すべてが「得」する仕組みであったことを理解する。

## Q ザビエルは、どうやって日本に来たの？

　ザビエルが日本に来たのには、ヨーロッパでの宗教改革が関係しています。キリスト教カトリックのイエズス会が進める全国への布教活動の一環として、日本にもやってきました。

　では、日本に来るための資金をどのように調達したのでしょうか。

### ① ポルトガル国王から援助を受けたザビエル

　実は、ザビエルはポルトガル国王から、多額の援助を受けていたのです。しかし、いったいどうしてポルトガル国王は、ザビエルに援助をしたのでしょうか。それには、ある条約が関係しています。

　1494年、ポルトガルとスペインは、「トルデシリャス条約」という条約を結び、全世界をポルトガルとスペインで二分すると決めてしまいます。そして、当時のヨーロッパで絶対的な力を持っていたローマ教皇が、キリスト教を布教するという条件付きで、それを認めてしまったのです。

つまり、キリスト教の布教活動とポルトガルの海外進出は、お互いの利害関係が一致した、win-winの取引だったのです。そのため、イエズス会のザビエルは、ポルトガル国王から援助を受けることができたのです。

## ② 国王、イエズス会、商人が「得」をするシステム

　さらに、イエズス会は、布教活動を行うだけでなく、商人を同行させました。商人は商売で利益を上げ、その一部を使って宣教師が布教活動を行いました。ヨーロッパ側から見れば、国王・イエズス会・商人すべてが「得」をする形だったのです。

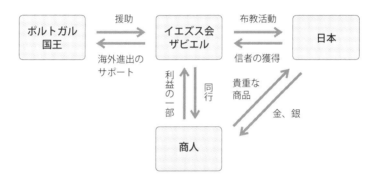

### 経済の視点

 ポルトガルは、海外に進出することで、利益を得た。 イエズス会は、ポルトガルの援助を受けることで、海外で の布教活動を行うことができた。商人は、宣教師に同行することで、コストを抑えて商売 ができた。

 布教、貿易は初期のコストやリスクがかかる。

 南蛮貿易は、遠い距離の航海のため元手となる資金やリスクがかかるが、莫大な利益が生まれた。

 宣教師は、商人を同行させ、商人の売り上げの一部を布教活動に利用することで、お互いの利益になるシステムであった。

【参考文献】▪ 大村大次郎『お金の流れで読む日本の歴史』KADOKAWA、2016年
　　　　　　▪ 村井章介『NHKさかのぼり日本史　外交篇6』NHK出版、2013年

# キリシタン大名の
# 本当のねらい

**理解目標** ●

　キリシタン大名になることで、キリスト教のネットワークを利用し、敵対する勢力に「経済封鎖」を行って、戦を有利に進めようとしたことを理解することができる。

## Q 大友宗麟は、どうして
## キリシタン大名になったの？

　フランシスコ・ザビエルによって、日本にキリスト教が伝わると、信者になる者がどんどん現れてきました。中には、戦国大名もキリスト教を信仰し、「キリシタン大名」となる者も現れました。

　もちろん、心の底からキリストの教えに感銘を受け、キリシタンになった大名もいたでしょう。しかし、本当にそれだけだったのでしょうか。

### ① 大友宗麟の戦略

　大友宗麟という戦国大名がいました。彼は、禅宗からキリスト教へ改宗し、「キリシタン大名」として、現在の中国地方から九州北部を支配しました。では、どうして、大友宗麟は力をつけることができたのでしょうか。

　大友宗麟は、海外貿易で得た経済力を背景に、戦国大名の中で大砲の製造にいち早く成功しました。そして、キリスト教のネットワークを利用して、大規模な経済封鎖を行おうとします。

　当時、大友氏は毛利氏と敵対していました。大友氏は、戦を優位に進

めるために、敵対している毛利氏に硝石（弾薬の原料）を渡さないようにしたのです。キリスト教のネットワークを利用して、南蛮貿易で毛利氏への硝石の輸出を禁じ、代わりに、自分のところに積んでくるように依頼したのでした。

## ② キリシタン大名の経済戦略

当時は、鉄砲や大砲が日本に広まっていた時代でした。しかし、鉄砲の弾をつくるための鉛や、弾薬の原料である硝石は、日本では生産できませんでした。そのため、南蛮貿易で海外から輸入するしかなかったのです。大友宗麟はそこに目をつけ、敵対する毛利氏に武器の原料が届かないようにしたのです。武器の原料がなければ、戦はできません。大友宗麟は、戦わずして勝つ方法である、「経済戦略」を行ったのです。

キリシタン大名になることで、南蛮貿易を独占、もしくは有利に進め、戦の道具を独占しようとしたのです。

### 経済の視点 ..............................................................●

 鉛や硝石は、日本では南蛮貿易でしか手に入らず、必要性も高かったため、希少であり、価値が高かった。
希少性の高い鉛や硝石を手に入れると、有利に戦を進めることができ、力をつけた。

 キリシタン大名になることで、キリスト教のネットワークを利用して南蛮貿易を有利に進めることができる。

 キリシタン大名になることで、信者としての費用がかかり、それまでの宗教を手放さねばならない。

 南蛮貿易によって、キリシタン大名は日本で手に入らない鉛や硝石を手に入れることができ、優位に立った。

 キリスト教のネットワークを利用し、敵対する勢力に「経済封鎖」を行うことで、戦を有利に進めることができる。

【参考文献】▪ 大村大次郎『お金の流れで読む日本の歴史』KADOKAWA、2016年

## 織田信長の経済政策①
# 比叡山延暦寺焼き討ち

**理解目標** ••••••••••••••••••••••••••••••••••••••••••••••••••••••••••••••••••••••••••••••••••••••••••••••••••

　織田信長は、寺社勢力の関所を廃止し、楽市楽座による自由で活発な商業活動を実現するために、それに反旗を翻した比叡山延暦寺を焼き討ちしたことを理解する。

 **Q** 信長はどうして
比叡山延暦寺を焼き討ちしたの？

### ① 力をもっていた寺社勢力

　当時の寺社勢力を、現在のお寺と同じように考えてはいけません。当時の寺社勢力は、財力と軍事力を抱えた一大勢力であり、将軍も戦国大名も手出しできないほどの力をもっていました。

　寺社勢力の財力の中心は、荘園や関所からの収入でした。荘園は、墾田永年私財法の成立によって土地の私有化が進み、寺社や貴族に寄進された土地です。その地域で力をもっていた寺社のもとには、たくさんの荘園が集まりました。その荘園からの収入で、富を蓄積しました。

　関所とは、交通の要所に設置された施設ですが、この頃は有力な大名や貴族、寺社が独自に設置し、領内を出入りする人に対して税をとっていました。

### ② 楽市楽座

　この関所にかかる税が、人やモノの移動を妨げていました。信長は、

自由で活発な商業によって経済を活性化しようとしていました。そこで出されたのが、楽市楽座です。関所を取り払い、人やモノの出入りを活発にしました。また、新たに入ってきた者にも、これまで居た人と同様の権利を与えることを約束し、商人が入ってきやすい環境をつくりました。

　この政策によって、信長の領地は商人をはじめとする人であふれ、商業も活発になり、経済が活性化されました。そして、そこを納める信長も経済力を高めていきました。

### ③ 比叡山延暦寺焼き討ちの理由

　一方、寺社勢力にとって、信長のやり方では自分たちの財政基盤を失ってしまいます。そのため、信長に抵抗しました。信長は、寺社勢力が宗教活動を行うことには寛大でした。しかし、自身の政策に逆らったり、反旗を翻したりする勢力については、徹底的に弾圧をしました。その一つが、比叡山延暦寺の焼き討ちだったのです。

　信長は、より良い経済システム（自由で活発な商業活動）をつくるために、寺社勢力と戦ったのでした。

### 経済の視点

寺社勢力の既得権益を破壊することで、自由で活発な商業活動を実現することができる。

寺社勢力の既得権益が関わるため、抵抗が多く、コストがかかる。

流通に伴う税は交易の妨げとなり、税や規制を少なくすることで、経済が活性化した。

織田信長は、寺社勢力の関所を廃止し、楽市楽座による自由で活発な商業活動を実現しようとした。

【参考文献】▪ 井沢元彦『逆説の日本史 10』小学館、2006 年
　　　　　▪ 大村大次郎『信長の経済戦略』秀和システム、2019 年
　　　　　▪ 上念司『経済で読み解く織田信長』KK ベストセラーズ、2017 年
　　　　　▪ 谷口克広『信長の政略』Gakken、2013 年

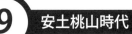 

## 9 安土桃山時代

### 織田信長の経済政策②
# 強さの秘密は経済政策

 理解目標 ●

　織田信長は、経済政策を重視し、交易ルートの拠点を押さえることで、鉄砲に必要なモノが他の大名の手に届かないように独占し、戦を有利に進めたことを理解する。

## Q どうして信長は勢力を広げることができたの？

### ①「戦のプロ」常備軍をつくった。

　それまでの戦国大名は、戦の度に領内の農民を集めて戦っていました。そのため、統率力も低く、農業に忙しい時期は、戦ができませんでした。そこで、信長は戦のプロである武士を雇い、常に戦に備えて鍛錬ができる常備軍をつくりました。

　しかし、常備軍を雇うには、お金がかかります。前項のように、信長は、楽市楽座政策によって財源を確保し、それによって常備軍を編成したのでした。

### ② 交易ルートを独占した。

　信長が当主になったとき、領地自体は小さい弱小大名でしたが、お金はありました。それは、領内に港があり、交易の拠点となっていたからです。その港の安全を保障する代わりに、税を納めさせ、富を蓄積していました。

領地を広げていく中で、信長は領地の大きさよりも、交易ルートの要所の確保を優先します。代表的なのが、堺と琵琶湖です。堺は、当時南蛮貿易の拠点でした。鉄砲は普及してきましたが、鉄砲の弾をつくるための鉛や、弾薬の原料である硝石は、日本では生産できませんでした。そのため、南蛮貿易で海外から輸入するしかなかったのです。そこで、信長は、堺を押さえ、南蛮貿易を独占しました。また、琵琶湖周辺は、交易ルートの拠点であり、鉄砲生産の中心地でした。ここを押さえることで、交易ルートと鉄砲を独占しました。これは、前に紹介した大友氏の方法と同じです。

　信長は、この2つの都市を押さえることで、鉄砲に必要なものが他の大名の手に届かないように独占し、戦を有利に進めたのでした。

## 経済の視点

鉛や硝石は、日本では南蛮貿易でしか手に入らず、必要性も高かったため、希少であり、価値が高かった。
希少性の高い鉛や硝石を手に入れると、有利に戦を進めることができ、力をつけた。

楽市楽座などの経済政策を重視することで、初期費用を上回る利益をもたらし、他の勢力を圧倒することができる。

常備軍や鉄砲の確保、交易ルートの独占にはお金がかかる。

流通に伴う税は交易の妨げとなり、税や規制が少なくすることで、経済が活性化した。

港の安全を保障する代わりに、税を徴収し、お互いの利益となるようにした。

交易ルートの拠点を押さえ、鉄砲に必要なものが他の大名の手に届かないように独占すると、戦を有利に進めることができる。

【参考文献】▪ 井沢元彦『逆説の日本史10』小学館、2006年
　　　　　　▪ 大村大次郎『信長の経済戦略』秀和システム、2019年
　　　　　　▪ 上念司『経済で読み解く織田信長』KKベストセラーズ、2017年
　　　　　　▪ 谷口克広『信長の政略』Gakken、2013年

# 兵農分離の経済効果

　兵農分離によって、自力救済の社会から、政府が国民を守る社会になり、国民は労働に専念できるようになり、生産力が向上したことを理解する。

 **秀吉は、どうして**
**太閤検地・刀狩を行ったの？**

### ① 政府の安全確保による生産力の向上

　兵農分離は、一般的には、武士と庶民を分けて身分の差をつくり、統治をしやすくすることが目的と言われます。もちろん、これも経済的なメリットがあります。戦がなくなって平和になれば、兵に使う出費も少なくなり、戦死者も減って労働にまわることができます。

　それに加えて、兵農分離は、生産力向上を可能にするのです。戦国時代は、「自分の身は自分で守る」社会なので、自分を守るための費用がかかります。また、戦になれば、生産（農業）をストップして戦に参加せねばなりません。また、戦で自分の土地が戦場になって荒らされると、その年の収入は激減してしまいます。さらに、生きるか死ぬかの状況であれば、余剰分の生産意欲も湧きにくくなります。

　一方、兵農分離は、庶民の立場から考えると、自分の安全は武士が守ってくれます。これは、人命・土地・財産などを政府が守るということです。そして、その見返りとして、働き、税を納めるという契約なのです。このように、政府（秀吉政権）による安全の確保によって、庶民は自分

の仕事に専念できます。すると、生産力が向上し、余裕が生まれます。生産で余ったもの、もしくは商品として生産したものを販売することで、商業が発達し、経済が活性化します。そして、経済が活性化すると、税収も増えるので、政府（秀吉政権）も潤うのです。

## ② 税収、有事の兵力の確認

太閤検地は、日本中の土地をくまなく調べました。これほどの大規模で出費もかかることを行ったのは、全国から徴収できる税収を確認し、統一するためでした。年間の税収がわかるということは、予算が組めるということです。日本全国規模での税収とその使い道を、計画的に決めることができるようになりました。

また、有事の際の兵力を割り出すためにも使われました。大名の石高がわかれば、その領地に召し抱えられる人の数もわかります。それをもとに、朝鮮侵略へ派遣する武士の数を決めたのです。

### 経済の視点

 自力救済から分業体制に転換することで、効率性が高まり、生産性も高まる。

 武士が庶民を守るシステムをつくるには、多くのコストがかかる。

 兵農分離によって、人命・土地・財産を政府が守る社会をつくった。それにより、庶民は労働に専念できた。

 検地によって、税収が定まり、予算が立てやすくなった。

 兵農分離によって、自力救済の社会から、政府が国民を守る社会になり、国民は労働に専念できるようになり、生産力が向上した。

【参考文献】・井沢元彦『逆説の日本史 11』小学館、2007 年
・上念司『経済で読み解く豊臣秀吉』KK ベストセラーズ、2018 年

# 秀吉はどうして朝鮮侵略を行ったのか

**理解目標** ••••••••••••••••••••••••••••••••••••••••••••••••••••••••••

　朝鮮侵略は、平和な社会になったことによる武士の雇用問題への解決策として、海外へ領土拡大をめざして行われた一面もあることを理解する。

## Q　秀吉はどうして朝鮮侵略を行ったの？

　豊臣秀吉の朝鮮侵略。現在でもその悲惨さが語り継がれ、秀吉の誇大妄想、この失敗が原因で豊臣家が滅亡した、など愚行という評価が一般的です。では、どうして秀吉は、朝鮮侵略を行ったのでしょうか。経済の視点からみていきましょう。

### ① 戦のない社会になると…

　武士は、戦に勝ち、活躍を評価してもらえば、恩賞として新たな土地をもらいました。秀吉の時代も同じく、活躍した武士や大名には、新たに手に入れた土地などが与えられました。鎌倉時代以降、武士という職業は、土地を仲立ちとした契約関係で成り立っていました。

　しかし、天下統一が成され、平和な社会になりました。次に手に入れるべき土地がなくなってしまい、戦がなくなると、武士は仕事がなくなります。武士たちは、このままでは生きていけません。また、失業者が増えると、社会が不安定になります。暴動などが起こると、余計にムダなお金（**コスト**）がかかってしまいます。

そこで、秀吉は、武士のトップ（＝経営者）として壮大な計画を立てます。それは、新たな土地を求めて、海外に進出することです。海外に領土を広げていけば、武士も仕事がなくなりません。秀吉も給料としての土地を与えることができます。日本以外の国でも、英雄と呼ばれる人物は、領土拡大によって、国力を停滞、衰退しないようにしました。秀吉は、朝鮮だけでなく、中国、そしてインドまでを統一しようとしていました。

　この秀吉の計画は、実際には成功しませんでした。それだけでなく、朝鮮侵略に至るまでの情報収集・分析でのミス、秀吉の老化による強引で無謀な計画によって、実際に行われた人道を無視した行為は、忘れてはなりません。

## ② 社会の変化による武士の雇用問題

　経営者としての秀吉は、現在で言う、（武士の）雇用問題に直面していました。そこで、仕事のなくなった武士に、これまでと同じ方法（領地拡大）で、同じ仕事（戦争）を与えることで、雇用問題を解決しようとしました。

　しかし、結果は失敗でした。そして、秀吉の後を実質的に受け継いだ徳川家康は、別の方法、つまり、武士に新しい仕事を与えることで、この問題を解決していったのです。

### 経済の視点 ...........................................................●

 雇用問題に対して、戦国時代と同じく、領土拡大していくことで、武士に仕事を与えようとした。

 武士の仕事がなくなり、失業者が増えると、社会が不安定になり、余計な出費がかかる。

 平和な社会になったことによる武士の雇用問題への解決策として、海外へ領土拡大をめざして、朝鮮侵略は行われた。

【参考文献】▪ 井沢元彦『逆説の日本史 11』小学館、2007 年
　　　　　　▪ 上念司『経済で読み解く豊臣秀吉』KK ベストセラーズ、2018 年

# 中世

### ◉中世を捉えるポイント

## 「旧制度と新制度の混在、対立」

　中世は、農業技術の発達と貨幣経済の広まりによって、経済活動が大きくなった時代です。また、古代からの旧式の制度による既得権益を守る保守派のグループと、経済的なインセンティブ、つまりメリットの大きい自由市場を求める急進派のグループが混在し、対立する時代でもありました。それに加えて、朝廷による従来の制度と、武士による新たな制度の混在する時代でもありました。封建的でありながら、権力が絶対的でない状況から、自力救済、下剋上の風潮が大きくなっていきます。

　この古代から近世に進む過渡期を大きく動かしたのが、織田信長でした。

### ◉中世を教えるポイント

　中世の歴史学習には、「人物の政策評価学習」をお勧めします。経済の視点を含む、複数の視点で、多面的・多角的に人物の政策を評価するのです。平清盛（本書では古代に分類しています）、足利義満、織田信長、豊臣秀吉を、授業ごとに評価することで、人物の政策同士の比較ができます。

　そうした視点を中世で身につけておくことで、その後の歴史や現代をみる視点を養うことができるのです。

# 経済の視点で歴史学習実践

## 近世

# 江戸時代

# 徳川家康の財政再建

**理解目標** ......................................................●

　徳川家康は、朝鮮侵略の結果としての国際的孤立・戦後不況を、金山・銀山の活用、朱印船貿易を行うことで解決したことを理解する。

## Q どうして徳川家康は 安定した幕府を開くことができたの？

　豊臣秀吉の死後、徳川家康が力を握りますが、秀吉からの２つの負の遺産がありました。

　１つは、国際的な孤立状態です。まず朝鮮侵略によって、朝鮮・明との国交は断絶していました。また、キリスト教徒を処刑したことで、スペインやポルトガルとの関係も悪化していました。外交面の課題と、貿易ができないという課題が残っていたのです。

　もう１つは、朝鮮侵略によって、肥大化した経済の立て直しです。戦争が起こると、大量にモノが必要になります。すると、モノがたくさん売れ、経済は活性化します（**経済システム**）。しかし、戦争が終わると、モノが必要なくなり、逆にモノを買う余裕がなくなります。すると、不景気になります。戦争に代わる新たな仕組みが必要でした。

　そこで、家康は、大きく２つの方法で、この課題を克服しました。

### ① 金山・銀山の活用

　金山・銀山を、直轄地にしました。そして、そこからとれる金・銀を、海外との貿易に使用したのです。当時の日本の銀は、世界でとれる銀の

1/3 もあったと言われ、この銀を輸出し、利益を上げていきました。

さらに、金山・銀山からとれる金・銀で貨幣をつくり、貨幣経済の仕組みを整えました。金貨・銀貨・銭の３つの貨幣を基軸とした貨幣経済を浸透させ、モノの売買がスムーズになり、経済が活性化しました。

## ② 朱印船貿易

家康は、秀吉の死後、すぐに朝鮮との和議交渉、琉球を介しての明との国交回復交渉、他にも、東南アジアやヨーロッパとも交渉を進め、朱印船貿易の仕組みを整えました。

東南アジアの各地に、各国の船が集まり、そこで交易する「出会貿易」という方法で行われました。東南アジアには、日本の商人が集まり、日本町も形成され、にぎわいました。

このように、家康は、秀吉の残した負の遺産を、金山・銀山の活用、朱印船貿易によって解決し、安定した政権を築いたのでした。

### 経済の視点

 銀は日本で多くとれ、世界的に希少性が高かった。

 貨幣経済と朱印船貿易の仕組みを整えることで、交易が増え、経済が活性化する。

 金山・銀山の開発にはお金がかかり、貿易の仕組みを整えるには多くの手間と資金が必要になる。

 朱印船貿易の仕組みを整えたことで、交易が増えた。

 朝鮮侵略後の停滞を、貨幣経済と朱印船貿易の仕組みを整えることによって、解決した。

 戦争がはじまると、モノが必要になり、経済が活性化される。戦争が終わると、不況になる。

【参考文献】▪ 村井章介『NHK さかのぼり日本史外交篇 6』NHK 出版、2013 年

# 江戸幕府の財政的欠陥

理解目標

税収は幕府の直轄領からのみであったにも関わらず、全国ににらみを
きかせる政策を行ったために、財政が苦しくなったことを理解する。

## Q 江戸幕府は中央集権？
地方分権？

国の統治の仕方にも様々あります。中央政府が、国内のすべてを管理
する中央集権もあれば、地域ごとに分割して統治させ、それを束ねる地
方分権もあります。では、江戸幕府は、中央集権だったのでしょうか。
それとも、地方分権だったのでしょうか。

### ① 江戸幕府の収入

税の流れをみれば、国の仕組みがわかります。江戸時代、農民から集
めた年貢、つまり税は誰に納められたのでしょうか。各地からの税は、
江戸幕府に納められたのでしょうか。

では、幕府の主な収入の内訳を見てみましょう。

| 幕領からの年貢 | 幕府の直轄地約400万石からの年貢収入 |
|---|---|
| 貨幣鋳造 | 金貨・銀貨・銭貨をつくることによる収入 |
| 鉱山収入 | 金山や銀山からの収入 |
| 主要直轄領からの収入 | 江戸・京都・大坂・長崎などでの商工業からの収入 |
| 貿易 | 海外の国・地域との貿易からの収入 |

以上が、幕府の主な収入です。見ての通り、年貢は幕府の直轄領のみで、

日本約 3000 万石のうちの 400 万石の年貢が、幕府に納められました。他の領地の年貢は、藩と呼ばれる、その土地の大名に納められました。

　このように、江戸幕府は全国を一括統治していたのでなく、幕藩体制と呼ばれる地方分権の体制をとっていたのです。

## ② 江戸幕府の財政的欠陥

　一方で、政治的には、幕府の藩（各大名）への統治は厳しいものでした。特に江戸時代初期は、何かにつけて減封・改易を繰り返しました。

　しかし、この幕府の強権的な統治は、長くは続きません。経済の視点でみれば当然です。3000 万石の領地を、400 万石の収入しかない幕府がすべて統治しようとするのは不可能です。はじめは、金山・銀山からの収入でなんとかやりくりしていましたが、金山が枯渇し始めると、幕府の財政は赤字が続き、火の車でした。

　これから、様々な幕府の財政改革が出てきます。しかし、幕府にお金がないのは、根本的にはこの地方分権の年貢体制と、全国ににらみをきかせる体制の矛盾から起こっていたのです。

### 経済の視点 ‥‥‥‥‥‥‥‥‥‥‥‥‥‥‥‥‥‥‥‥‥‥‥‥‥‥●

 江戸初期に予測していた税収で、財政は賄えると考えていた。

 税収が下がり、全国統治に必要なコストが多く、財政が苦しくなった。

 税収は幕府の直轄領からのみであったにもかかわらず、全国ににらみをきかせる政策を行ったために、財政が苦しくなった。

 幕藩体制によって、地方分権の税徴収システムを採用していた。

【参考文献】▪ 上念司『経済で読み解く明治維新』KK ベストセラーズ、2016 年

# 「天下の台所」を
# つくった男

**理解目標** ·····································●

　淀屋常安は、大阪に米の取引所をつくることで、大阪にモノとお金が
集まる仕組みをつくり、商業の中心地とし、自身も莫大な利益をあげた
ことを理解する。

## **Q** どうして大阪は、「天下の台所」 と呼ばれるようになったの？

　江戸時代、大阪は「天下の台所」と呼ばれていました。そして、現在
でも大阪は日本有数の商業都市として栄えています。どうして大阪は、
このような発展を遂げたのでしょうか。

　現在の大阪の中心地の一つでもある中之島。そして、その近くにかか
る橋であり、駅名にもなっている「淀屋橋」。これらは江戸時代のある商
人がつくりました。淀屋常安です。

　江戸時代の初め、大阪は「大坂の陣」の爪痕が残る悲惨な状況でした。
復興すらままならない状況で、商売どころではありませんでした。そん
な中、常安は「大坂にもとの活気を取り戻したい」と考えました。

　そこで、常安は、徳川家康に、以下の2つをお願いしました。

　◎戦後の武器や武具などの後始末をさせてほしい。
　◎大阪湾の湿地（今の中之島）を埋め立てて使わせてほしい。

110

当時、誰も見向きもしないことだったので、家康は何の問題もなく許可しました。

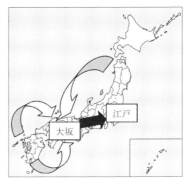

　まず常安は、戦場に残った武器、武具をかき集め、それを売って元手としました。次に、大阪湾を埋め立て、現在の中之島をつくりました。そこに常安は、米とお金を両替する取引所をつくりました。この場所は、元々淀川を使って、全国から京都を通り、モノが行き交う場所でした。常安はそこに目をつけ、モノが通るだけでなく、取引をする場所をつくったのです。

　当時の武士の収入は、年貢の米です。米は、お金に交換しなければ使えません。また、持ち運びにも苦労します。常安が取引所をつくると、全国の藩が米を保管する倉庫（蔵屋敷）を中之島近辺につくるようになりました。そして、この取引所で、米とお金の取引がなされ、それに伴って他の商品も集まるようになりました。大阪は、商業の中心地になりました。

### 経済の視点 ･･･････････････････････････････････････････････････ ●

**常安は、米とお金を交換する取引所をつくり、利益を得た。**
**武士は、米とお金を交換できるので、大阪に蔵屋敷を置き、そこでやり取りを行った。**

**米の取引所をつくるには、お金かかる。**

**大坂に米とお金を取引できる場ができると、そこにモノ・金が集まり、商業が活発になった。**

**大阪に全国の大名の蔵屋敷を誘致し、そこで取引をさせることで、大阪に米・お金・その他の商品も集まり大阪が商業の中心となった。そして、それを取り仕切る淀屋は莫大な利益を手に入れた。**

【参考文献】• 邦光史郎『日本の三大商人』徳間文庫、1986 年
　　　　　• 鈴木浩三『江戸商人の経営戦略』日経ビジネス人文庫、2013 年
　　　　　• 童門冬二『徳川三百年を支えた豪商の「才覚」』角川 SSC 新書、2013 年

# 文化を支えた
# 昆布ロード

**理解目標** ••••••••••••••••••••••••••••••••••••••••••••••••••••••••••••••••••

　西廻り航路の整備によって、日本国内や蝦夷地、琉球、清を含めた交易ネットワークが形成され、その地域の商品が交易によって取引され、独自の文化が発展したことを理解する。

## Q どうして「どん兵衛」は 東日本と西日本でダシが違うの？

　カップうどんの「どん兵衛」は、東日本と西日本でベースとなるダシが違う。これには、江戸時代の流通が関係しています。

### ① 文化をつくった西廻り航路

　江戸時代、陸路・海路の整備が行われました。陸路では五街道が整備され、海路では西廻り航路、東廻り航路が整備されました。これによって、日本全国での交易が可能になりました。

　中でも、交易が栄えたのは、西廻り航路でした。現在の日本海側を、蝦夷地（北海道）から琉球（沖縄）、そして瀬戸内海を通って大坂（大阪）まで、様々なモノが行き交いました。

### ② 各地の商品作物が全国へ

　蝦夷地に向かう船では、米や酒などが運ばれました。そして、蝦夷地からの帰りには、昆布や海産物、アワビやナマコ、フカヒレなどの俵物が運ばれました。昆布は寒い海でしかとれないため、他の地域では貴重

112

でした。蝦夷地からの商品は、北前船と呼ばれる船で西廻り航路を通って、富山や琉球、関西にもたらされました。昆布が安く、大量に手に入るため、これらの地域では昆布文化が根付きました。現在、富山の昆布消費量は全国有数ですし、沖縄料理には昆布がたくさん使われます。また、関西のダシ文化にも昆布は欠かせません。このように、西廻り航路を通って昆布が西日本に行き渡ったので、「昆布ロード」と呼ばれています。

　また、琉球は、西廻り航路の要所であり、中国とも交易を行っていました。中国では、北海道の俵物が人気でした。また、中国から漢方などの薬草が伝わりました。この薬草は、富山で取引され、富山は現在でも「薬」が有名です。琉球は、西廻り航路からの日本文化と中国からの文化、さらに他の地域の文化の影響も受けた、「チャンプルー（混ざり合った）文化」として独自の文化を形成していきます。

　また、薩摩藩は、琉球を実質的に支配していました。当時、財政難に苦しんでいた薩摩藩は、琉球での交易を重視しました。中国へは、蝦夷地からの俵物や昆布、薩摩領内でとれた黒砂糖を売りました。また、国内へは、中国からの薬草などを売ることで、財政の立て直しを図りました。

## 経済の視点 ..........................................................•

 北海道の昆布や俵物など、各地の商品作物はそこでしかとれないものなので、希少であり、価値が高かった。

 交易ネットワークをつくることで、交易が活発となり、利益が増える。

 航路の整備や交易の初期費用には、お金がかかる。

 海路が整備され日本国内や蝦夷地、琉球、清を含めた交易ネットワークが形成され、活発な交易が行われた。

 西廻り航路の整備によって、その地域の商品が交易によって取引され、独自の文化が発展した。

【参考文献】▪ 新村剛『フジッコ食育まんが劇場こんぶロードの旅』エンタイトル、2007 年

# 経済発展の基盤をつくった生類憐みの令

**理解目標** ••••••••••••••••••••••••••••••••••••••••••••••••••••••••••••••••••

生類憐みの令は、命を大切にする社会を築き、学問による支配を実現するための政策であり、後世の日本の経済発展の基盤であったことを理解する。

## Q 生類憐みの令は損？得？

5代将軍である徳川綱吉が出した一連の法令である「生類憐みの令」。内容としては、次のようなものがありました。

◎魚や鳥を、生きたまま食用として売るのは禁止

◎犬がケンカをしていたら、水をかけて止めること

このように、動物を愛護する法令でした。しかし、例えば、

◎鳥に石を投げたら島流しの刑

◎犬殺しを密告した者には、賞金30万両を与える

など、「ちょっと厳しすぎるのではないか」という批判もありました。

一説では、江戸の近くに建てられた犬小屋は、東京ドーム11個分で、年間80億円の出費だったとも言われています。これが、財政を悪化させる一因になったとも言われています。

この時期の江戸幕府の財政をみると、悪化の一途をたどり、貨幣を改鋳して質を悪くしてまで、財政再建を試みていました（**コスト**）。

生類憐みの令を出した、綱吉の本当のねらいは何だったのでしょうか。

実は、綱吉の政治の頃の前と後で、次の2つの変化がありました。

1つは、武家諸法度の文言です。

（綱吉以前）文武弓馬の道、もっぱらあいたしなむべきこと

（綱吉以後）文武忠孝を励まし、礼儀を正すべきこと

　このように、綱吉は江戸幕府の支配の仕組みを、「武力による支配（武断政治）」から「学問・教育による支配（文治政治）」に変えようとしたのです。

　もう1つは、墓をもつようになったことです。綱吉の頃の前までは、人の死体がそのまま放置されていたり、赤ちゃんが道端に捨てられていることが、よくありました。戦国時代からの名残である、殺伐とした、命が軽んじられる世の中だったのです。綱吉は、生類憐みの令によって、弱い立場の者や動物に至るまで、すべての命を大切にする社会をつくろうとしたのです。

　この綱吉の政策は、道徳的に価値があるだけでなく、経済の面でも、効果的でした。確かに、短期的な視点で見れば、一時的に費用がかさみ、行き過ぎた部分もあったでしょう。しかし、平和な世の中・命を大切にする世の中をつくることで、戦にかかる軍事費を減らすことができます。また、死亡者減少によって、労働者が増加します。そして、生きるか死ぬかの世の中よりも、平和な世の中の方が、生産性が高まり、生活の水準が高まります。経済の視点で見ても、綱吉の政策は後世の日本を発展させるものだったのです。

### 経済の視点 ┄┄┄┄┄┄┄┄┄┄┄┄┄┄┄┄┄┄┄┄┄┄┄┄┄┄┄┄┄┄●

 費用はかかるが、生類憐みの令によって、命を大切にする平和な世の中になり、軍事費を減らし、経済発展の基盤ができた。

 生類憐みの令には、多大な費用がかかった。

 戦のない平和な社会をつくることで、軍事費や医療費を減らし、生産・消費を活発に行えるようになった。

【参考文献】▪ 河原和之『続・100万人が受けたい「中学歴史」ウソ・ホント？授業』明治図書、2017年
　　　　　　　▪ 深井雅海『日本近世の歴史3　綱吉と吉宗』吉川弘文館、2012年

# 吉宗は名君か①

徳川吉宗は、経済停滞期の対策として、福祉を重視した政策を行ったが、倹約令によってお金の循環が悪くなり、かえって経済が悪化したことを理解する。

## Q 徳川吉宗の政策は、正しかったの？

徳川吉宗の時代は、人口増加が止まり、人口が停滞し始める時期でした。また、金の産出量が減り、景気が悪くなっていきました。吉宗は、このような状況を受けて、庶民を大切にした政策（福祉政策）を行い、倹約に努めました。

### ① 大奥の大リストラ

吉宗は、幕府の財政を立て直すために、質素・倹約に努めました。余計なお金を使わないように、武士にも、庶民にも、そして自分自身も、質素な生活、倹約を求めました。

その中の一つに、大奥の大リストラがあります。大奥とは、将軍の妻などをはじめとする幕府を支える女性だけが集まる場所です。幕府の華である大奥は、きらびやかで豪華な生活を送っていました。吉宗は、大奥の中で美人な女性をリストラしました。倹約政策の一環として、大奥を出ても働ける女性をリストラしたのでした。

## ② 目安箱への投稿

　吉宗の政策としてよく知られるのが、目安箱です。目安箱は、庶民の意見を政治に取り入れるために設けられたものです。その目安箱に出された意見の中には、幕府の政策を批判するものもありました。

---

### 資料　目安箱への投稿内容

　天下を治める人が、金銀を集めることに精を出し、金銀が将軍のもとに集まったならば、天下の万民は皆困窮してしまう。（中略）贅沢品や無益の物を買うのは、裕福な者であり、困窮者ではない。裕福な者が贅沢品を買うから金銀が社会に出回るのであり、これを禁止すれば、職人や商人はなにをつくっても売れなくなり、金は裕福な者のところに溜まるばかりである。金持ちから金銀を社会に流通させ、経済を活性化させるべきである。

（大石学『規制緩和に挑んだ「名君」徳川宗春の生涯』をもとに、筆者作成）

---

　吉宗の倹約令を批判し、経済を活性化させるべきだと主張したのです。
　このように、吉宗は庶民を大切にした福祉政策を重視した一方で、倹約を重視するあまり、経済を停滞させてしまいました。当時の社会情勢から考えて、吉宗の政策は正しかったのでしょうか。

### 経済の視点 ●●●●●●●●●●●●●●●●●●●●●●●●●●●●●●●●●●●●●●●●●●●●●●●●●●●●●●●●●●●●●●●●●●●

財政難を解決するために、質素・倹約を重視した。

お金の循環が悪くなり、景気が悪化した。

経済を活性化させるには、富裕者が富を蓄えるのでなく、お金を循環させなければならない。

倹約が行き過ぎると、お金の流れが悪くなり、景気が悪化する。政府がお金を貯めこむと、庶民にお金が回らなくなり、庶民が苦しむ。

【参考文献】▪ 井沢元彦『逆説の日本史 15』小学館、2012 年
　　　　　　▪ 大石学編『規制緩和に挑んだ「名君」徳川宗春の生涯』小学館、1996 年

# 吉宗は名君か②

**理解目標** ●

　質素・倹約、福祉重視の吉宗の政策に対して、尾張藩主の宗春は商業重視、経済活性化の政策を行い、名古屋を大都市に発展させたことを理解する。

## **Q** 吉宗と宗春、どちらの政策を評価する？

　徳川吉宗は、不況時の対策として、質素・倹約に努め、庶民に優しい（福祉）政策を行いました。貧しい庶民が救われた一方で、経済がさらに悪化したとの批判もありました。

　吉宗と同時代に、吉宗とまったく違う政策でまちを発展させた人物がいます。尾張（現在の名古屋市）藩主の徳川宗春です。

　景気が悪く、みんながお金に困っているときに、宗春は次のような政策を行いました。

---

◎芝居見物の自由、芝居小屋の常設を認める。

◎藩士の門限の廃止

◎遊郭の自由営業

◎自身が華美な服装、行列で積極的に商業地を訪れ、
　積極的に消費する。

---

　宗春の政策で、尾張藩はどうなったでしょうか。

宗春の行った、商業を重視し規制を緩和する政策で、尾張藩の経済は活性化し、田舎町だった尾張に人が集まるようになったのです。名古屋市が大都市に発展したのは、宗春の政策の成果だったのです。

　では、徳川吉宗と徳川宗春、いったいどちらの政策が正しかったのでしょうか。二人の政策を比較してみましょう。

■吉宗と宗春の政策比較

| 吉宗の政策 | 宗春の政策 |
|---|---|
| 質素・倹約 | 浪費による経済活性化 |
| 農業重視 | 商業重視 |
| 幕府（中央）の権力強化 | 地方の発展 |
| 大きな政府 | 小さな政府 |

　吉宗は、福祉を重視し、現在でいう「大きな政府」の方針で政策を行いました。一方で、宗春は、商業を重視し、市場による経済活性化を重視した、現在でいう「小さな政府」の方針で政策を行いました。当時の社会情勢に対して、どちらの政策が効果的だったのでしょうか。こういった視点で歴史をみることで、現代の政策の評価に生かすことができるのです。

**経済の視点** ･････････････････････････････････････････････････････

藩主が積極的に消費することで、庶民にも購買意欲が生まれ、商業は活性化した。

浪費をすることで、一時的に費用は多くなる。

消費が増えれば、販売者は儲かり、賃金が上がる。すると、さらに消費が増え、商業が発展する。

お金をもっている者が積極的に消費することで、市場にお金が出回り、経済が活性化した。

【参考文献】▪ 井沢元彦『逆説の日本史 15』小学館、2012 年
　　　　　　▪ 大石学編『規制緩和に挑んだ「名君」徳川宗春の生涯』小学館、1996 年

# 経済を熟知した老中・田沼意次の改革

**理解目標** ● ● ● ● ● ● ● ● ● ● ● ● ● ● ● ● ● ● ● ● ● ● ● ● ● ● ● ● ● ● ● ● ● ● ● ● ●

　田沼意次は、株仲間や貿易など、商業を重視した政策を行い、財政の立て直しを図ったことを理解する。

## Q 田沼意次はどうして商業に力を入れたの？

　江戸時代を通して平和が維持され、社会は大きく進歩しました。経済面での成長もすさまじく、当時の世界トップクラスの経済システムであったと言われています。

　一方で、幕府だけは古くからのやり方を踏襲し続けていました。政府の政策と、社会の実態が大きくズレていきました。

　そんな中、老中・田沼意次は、幕府の財政難と社会全体の閉塞感（不況状態）を打開すべく、様々な改革を行いました。

### ① 株仲間の奨励

　**株仲間**と呼ばれる商人たちの同業組合をつくらせ、幕府が特権を与えます。その見返りに、その商人たちから税金をとったのです（**税**）。米による収入だけでなく、商業からの貨幣収入を増やすことで、安定した収入を得ようとしました。

### ② 貿易に力を入れる

　制限されていた貿易にも力を入れました。当時の日本の輸出品の中心

120

は、金や銀でした。これでは、日本国内にある金や銀は出ていくばかりで減る一方です。そこで、田沼は、当時の蝦夷地（現在の北海道）でとれる、アワビやふかひれなどの俵物に目を付け、それらをロシアや中国に売って、利益を上げました（交易）。このように、田沼の政策は、経済の視点で見ると、とても合理的でした。

　しかし、1782年、浅間山などの噴火を発端とする天明の飢饉が発生します。この影響で、庶民の生活は苦しくなり、田沼は失脚します。飢饉のときには、モノ（米など）が少なくなるので、みんなが欲しがり、モノの価値が上がります。一方で、モノの価値が上がった分、お金の価値は下がります（市場）。この経済の基本に対応できませんでした。

## 経済の視点

株仲間や貿易など商業を重視すると、経済が活性化する。

江戸幕府の農業重視の考えの中で、商業重視の政策は抵抗勢力が多い。

飢饉になると、米がとれず希少となり、米の価値が上がりお金の価値が下がる。

蝦夷地の俵物などの希少な商品作物を輸出することで、利益を上げた。

株仲間や貿易など、商業を重視することで、消費を増やし、経済が活性化した。

株仲間の奨励などによって、商人から税を徴収することで、税収が増えた。

田沼意次は、株仲間や貿易など、商業を重視した政策を行い、財政の立て直しを図った。

【参考文献】▪ 井沢元彦『逆説の日本史15』小学館、2012年
　　　　　 ▪ 藤田覚『日本近世の歴史4　田沼時代』吉川弘文館、2012年

# 天明の飢饉は
# 天災？人災？

　天明の飢饉は、火山の噴火などの原因による自然災害であったと同時に、商品経済の発達による食糧の流通システムという人的な問題でもあったことを理解する。

## Q　天明の飢饉は天災？人災？

　江戸時代の同時期を描いた絵があります。一方は食べるものがなく飢えに苦しみ、もう一方は食べ物にあふれて大食い大会を行っています。どうしてこのような違いができたのでしょうか。

### ① 天明の飢饉

　1782年、浅間山などの噴火により、東日本を中心に火山灰が降り注ぎ、東北地方を中心に飢饉が発生しました。天明の飢饉です。一説では、90万人以上が餓死したとも言われています。東北地方では、食べるものがなく、残されている史料では、人を食べて飢えをしのぐなど、悲惨な状況だったと伝えられています。

　その頃、江戸はグルメブームで、大食い大会が開催されていました。つまり、江戸では大きな飢饉にはなっていないのです。

　どうして東北地方は飢饉なのに、江戸では飢饉でないのでしょうか。

## ② 流通システム

　それは、当時の流通の仕組みに原因があります。

　当時は、経済が発展し、モノを運ぶ流通ルートも整備されていました。すると、農村部では、米よりも商品作物をつくって江戸などの大消費地に送って売る方が、利益が出ます（**インセンティブ**）。そこで、地方の藩は、米の代わりに商品作物をつくらせて儲けようとしました（**交易**）。地方で商品作物をつくり、整備された流通経路を通って大消費地にモノが集まるシステムができていたのです（**経済システム**）。

　普段はその方が儲かるのですが、天候不順などで米がとれなくなると大変です。自分たちが食べる蓄えがなく、江戸に作物は運ばれるので、飢饉が発生するのです。一方で、江戸などの大消費地には、商品作物などのモノが集まり、飢饉など起こるはずがないほどの状況でした。

　このように、飢饉は、火山の噴火などの天候不順による要因ももちろんあります。しかし、商品作物を優先的につくらせる制度、モノを大消費地に集中させる流通システムなどの人的な要因もあったとも言えるでしょう。

---

### 経済の視点 ●

 米をつくるよりも、商品作物をつくって売る方が儲かる。

 飢饉が発生した場合、商品作物ばかりをつくっていると飢えに苦しむ者が出る。

 商品作物をつくり、それを江戸に送ることで利益が出るので、米よりも商品作物を優先してつくった。

 江戸時代は、交通網が発達し、地方は商品作物をつくり、それを大消費地である江戸で売るというシステムができあがっていた。

---

【参考文献】• 井沢元彦『逆説の日本史 15』小学館、2012 年
　　　　　　• 河原和之『100 万人が受けたい！見方・考え方を鍛える「中学歴史」大人もハマる授業ネタ』明治図書、2019 年

# 社会保障を充実させた松平定信

**理解目標** ......................................................●

　松平定信の政策は、飢饉対策等の社会保障を充実させた一方で、経済は質素・倹約を掲げて停滞し、庶民の不満を招いたことを理解する。

 ## 寛政の改革は正しかったの？

### ① 飢饉から庶民を救った男

　「天明の飢饉」で、東北地方には多くの餓死者が出ました。そんな中、現在の福島県にあたる白河藩では、餓死者が出ませんでした。

　当時の白河藩主であった松平定信は、飢饉に備えて米を蓄えさせていました。そして、天明の飢饉の際、飢えに苦しむ者に対して、蓄えさせていた米を与え、餓死者を出さなかったのです。

　資源（食糧）が足りなくて困っているところに、余っているところから集めた資源を再分配する。まさに、現在の**社会保障制度**、税制度の考え方を、既に実行していたのです（**政府の政策**）。

### ② 寛政の改革

　この功績が評価され、松平定信は江戸幕府の老中に任命されました。そして、次のような政策を行います。

◎囲い米の制……飢饉に備えて、米を蓄えさせた

> ◎農業重視………商品作物の栽培を制限し、米をつくらせた
> ◎質素、倹約……ムダ遣いをせずに、お金を大事にさせた

　これらの政策は、松平定信の祖父にあたる、徳川吉宗の政策をモデルにしています。福祉重視の政策です。これらの政策の結果はどうだったのでしょうか。

**（1）災害対策が進んだ。**

　災害などの有事の際、もしくはそれに備えて、政府は庶民を救済する義務があるという、社会保障の考えが広まりました。これは、単に道徳的な意味だけでなく、その方が政府にとっても損失が少なくなるという意味も含んでいました。経済的に見ても、社会保障の必要性が認められました。

**（2）質素・倹約**

　吉宗の政策をマネて、質素・倹約に努めました。しかし、吉宗の時と同様に、経済が活性化されず、庶民の不満が高まりました。

　このように、松平定信の政策は、社会保障の面で、政府のすべきことを後世に残した功績がある一方で、経済は停滞し、庶民の不満を招きました。

### 経済の視点

社会保障を充実させることで、事態の悪化を招かずにコストを削減できる。

社会保障を充実させるには、お金がかかる。

倹約が行き過ぎると、お金の流れが悪くなり、景気が悪化する。政府がお金を貯めこむと、庶民にお金が回らなくなり、庶民が苦しむ。

飢饉に備えて、米を蓄えておき、必要なときにそれを施す。不足を余っているところから補うことで、生活を保障することができる。

【参考文献】▪ 井沢元彦『逆説の日本史 15』小学館、2012 年

# 近世

## ◉近世を捉えるポイント

## 「社会の発展と幕府の体制のズレ」

　近世、つまり江戸時代は、徳川による平和が実現し、あらゆる面で社会が発展していく時代です。特に顕著なのが経済で、大都市の形成に伴い、生産・消費・流通のシステムが大きく拡大しました。先物取引など世界最先端の経済システムが誕生しました。

　しかし、一方で江戸幕府の仕組みは、古いままでした。社会の発展と幕府の政策、特に税制と経済政策にズレが生じました。そのため、いくら幕府が「改革」を行っても根本的な解決にならず、慢性的な財政難が続きました。

## ◉近世を教えるポイント

　近世の歴史学習も、「人物の政策評価学習」がお勧めです。経済の視点を含む、複数の視点で、多面的・多角的に人物の政策を評価します。徳川綱吉、徳川吉宗、徳川宗春、田沼意次、松平定信、水野忠邦の政策を比較することで、江戸幕府の「改革」の矛盾が明らかになります。そして、その視点は、近代や現代をみる視点につながります。

　近世までで学んだことをもとに、現代社会の課題に直接影響するところの多い、近代の学習に向かいます。

# 経済の視点で歴史学習実践
## 近代

ヨーロッパの近代化
江戸時代
明治時代
大正時代

# ① ヨーロッパの近代化

## イギリスの繁栄①
# マグナカルタ

**理解目標** ••••••••••••••••••••••••••••••••••••••••••••••••••••••••••••••••••••••••••••••••••••••••••••••••••••••••••••••••••••••••••••••••••••••••••••••••••••••••••••••••••••••••••••••••••••••••••••••••••••••••••••••••••••••••••••••••••••••••••••••••••••••••••••••••••••••••••••••••••••••••••••••••••••••••••••••••••••••••••••••••••••••••••••••••••••••••••••••••••••••••••••••••••••••••••••••••••••••••••••••••••••••••••••••••••••••••••••••••••••••••••••••••••••••••••••••••••••••••••••••••••••••••••••••••••••••••••••••••••••••••••••••••••••••••••••••••••••••••••••••••••••••••••••••••••••••••••••••••••••••••••••••••••••••••••••••••••••••••••••

　世界初の憲法は、国王の増税への市民の不満への対応として出された
ものであり、憲法とは政府と国民との約束であることを理解する。

## Ｑ どうして世界初の憲法は、イギリスでできたの？

　マグナカルタは、1215 年、イギリスの国王ジョン王が制定しました。
世界初の憲法と言えるかは意見が分かれますが、国王の権利を制限した
ものとして、その後の歴史に与えた影響は大きかったと言えるでしょう。
　内容は、次のようなものでした。

> ◎王の決定だけでは、戦争協力金などの名目で税金などを集めるこ
>   とができない。
> ◎市民は、国法か裁判によらなければ、自由や生命、財産を侵され
>   ない。

　国王の権利を制限するもので、ヨーロッパの近代化に大きく貢献した
と言われています。このマグナカルタが最初に出されたのはイギリスで
した。イギリスは、この後、世界をリードする国として君臨していきます。
イギリスは、当時からそれだけ進んだ国だったのでしょうか。
　実際は、その逆でした。
　ジョン王の時代、イギリスは戦争に明け暮れていました。勝ってい

ればまだよかったのですが、負けてばかりの悲惨な状況でした。戦争には、当然お金がかかります（**コスト**）。戦争に必要なお金を調達するために、ジョン王は、市民や貴族からたくさんの税を徴収したのです（**増税**）。税金が増えれば、市民の生活は苦しくなります。それに怒った市民や貴族たちは、ジョン王に国王を辞めるように迫りました。それに対して、ジョン王が出した（出さざるを得なかった）ものが、マグナカルタでした。

　条文を見れば、ヨーロッパの近代化に先駆けたもののように見えます。しかし、実際は、ジョン王の過剰な課税への反発に対して出された、二度と勝手な徴税をしないという、国王から市民への約束文、謝罪文だったのです。

　憲法というのは、政府と国民との約束です。解釈は様々ありますが、こうして世界初の憲法は誕生したのです。

　ここまでの説明では、このマグナカルタは、イギリスにとって、特に国王にとっては、残念なもののように感じるかもしれません。しかし、このマグナカルタが、この後のイギリスの発展に大きく影響を与えるのです。

　なぜなら、イギリスはマグナカルタによって、勝手に増税ができなくなります。そうなった以上、別の方法でお金を集めなければなりません。イギリスは、独自の方法でお金を集め、発展していきます。

**経済の視点** ......................................................●

**マグナカルタによって、国王の権利は制限されるが、これを出すことで市民の不満を和らげた。**

**戦争にはお金がかかる。**

**税の徴収は必要であるが、税が増えすぎると、市民の負担が増え、不満が高まる。**

【参考文献】▪ 大村大次郎『お金の流れでわかる世界の歴史』KADOKAWA、2015年

## イギリスの繁栄②
# 海賊を利用したエリザベス女王

エリザベス女王は、海賊行為と奴隷貿易に出資することで利益を上げ、イギリスを発展させたことを理解する。

## **Q** どうしてイギリスは「世界の工場」になったの？

イギリスは、16世紀後半から急激に力をつけ、「世界の工場」と呼ばれるまでに発展を遂げました。20世紀前半まで、世界をリードする国として君臨していました。では、どうしてイギリスは「世界の工場」と呼ばれるまでに発展したのでしょうか。

イギリスは、マグナカルタによって勝手に増税ができなくなりました。そして、別の方法でお金を集めなければならなくなりました。

エリザベス女王は、2つの政策によって、イギリスを「世界一の帝国」に発展させたのです。

### ① 海賊のスポンサーになった？

当時のヨーロッパは、スペインやポルトガルを中心に、新大陸との貿易で利益を得ていました。イギリスは、島国でありながら、その波に乗り遅れていました。新大陸との貿易の拠点は、スペインやポルトガルに押さえられ、つけ入る隙がありません。

そこで、エリザベス女王は、海賊のドレイクを利用します。ドレイクは、海賊行為で利益を上げ、マゼランに次いで世界一周に成功しました。本来、

海賊を取り締まるべきところですが、エリザベス女王はドレイクを利用します。ドレイクは、エリザベス女王の出資を受けて、スペイン船を襲い、利益を上げました。

　ドレイクによる海賊行為の利益は、当時の国家予算の１．５倍だったと言われています。もちろん、エリザベス女王も表向きは海賊行為を禁止していますが、見つからないようにして莫大な利益を上げていたのです。後にドレイクは、イギリスの海軍の司令官として、アマルダの海戦でスペインの無敵艦隊を破りました。

## ② 奴隷貿易に割り込んだ？

　当時、スペインとポルトガルが、独占的に奴隷貿易を行っていました。アフリカで黒人奴隷をのせ、アメリカ大陸に運んで鉱山やプランテーションなどで働かせ、利益を上げていました。

　エリザベス女王は、またしても海賊の力を借ります。海賊に出資し、奴隷貿易に割り込み、利益を上げました。そして、後のスペインとの戦争に勝利し、正式に奴隷貿易の権利を獲得したのです。

　イギリスの繁栄の背景には、海賊をうまく利用したエリザベス女王の政策があったのです。

### 経済の視点 ･････････････････････････････････････････････････････････････････

海賊を利用し、海賊行為と奴隷貿易を行うことで、政府も海賊も潤った。

海賊を利用していることが明るみに出ると、周囲の国から非難されたり、信用を失ったりする。

アフリカで黒人奴隷をのせ、アメリカ大陸に運んで鉱山やプランテーションなどで働かせる奴隷貿易で、利益を上げた。

【参考文献】▪宇山卓栄『経済で読み解く世界史』扶桑社、2019 年
　　　　　　▪大村大次郎『お金の流れでわかる世界の歴史』KADOKAWA、2015 年
　　　　　　▪竹田いさみ『世界史をつくった海賊』ちくま新書、2011 年
　　　　　　▪桃井治郎『海賊の世界史』中公新書、2017 年

イギリスの繁栄③
# 国債と銀行

**理解目標** ..................................................●

　イギリスは、国債と銀行というシステムをつくることで、国債を元手に新たなビジネスができるようになり、経済を活性化させたことを理解する。

## Q どうして産業革命はイギリスで起こったの？

　産業革命は偶然イギリスで起きたのではありません。産業革命の前から、イギリスは経済発展していたために、産業革命を起こすことができたのです。

　産業革命には、その国の経済的な基盤が不可欠です。イギリスは、次のような流れがあって、経済的な基盤ができていました。

### ① マグナカルタ

　マグナカルタによって、国王が自由に税を徴収することができなくなりました。それにより、イギリスは、財政改革が急務になりました。

### ② エリザベス女王の政策

　エリザベス女王の海賊行為と奴隷貿易の利用によって利益を上げ、国力を高めました。

### ③ 名誉革命

「税を徴収する権利は、議会にある」とされ、国王の権利がさらに制限されました。さらなる財政改革を求められました。

### ④ 国債と銀行

イギリスは、借金を有効に利用する方法を見つけたのです。それまでも、国王は民間企業に借金をたくさんしていました。しかし、借金はそのままでは使えないお金です。

イギリスは、「国債」「銀行」という借金を活かす仕組みをつくりました。

まず銀行は、国の借金を請け負います。次に、その借金を「国債」として、民間企業に貸し出します。すると、民間企業は「国債」を元手に新たなビジネスを行うことができるようになりました。民間企業が潤えば、経済は活性化され、国全体が潤います。国債と銀行の仕組みによって、借金を運用できるようになり、国全体の「使える」お金が増えました。それによって、戦争に必要なお金も、産業に必要なお金も、潤っていきました。

こうした背景があって、産業革命につながったのです。

### 経済の視点

 借金を有効に利用する仕組みをつくったことで、「使える金」が増え、経済が活性化した。

 国債や銀行の仕組みをつくるのに、お金がかかる。

 イギリスは、国債と銀行というシステムをつくることで、国債を元手に新たなビジネスができるようになり、経済を活性化させた。

【参考文献】• 大村大次郎『お金の流れでわかる世界の歴史』KADOKAWA、2015年

# 金で勝ち、
# 金で負けたナポレオン

**理解目標** ••••••••••••••••••••••••••••••••••••••••••••••••••••••••••••••••

　ナポレオンは、「徴兵制」をいち早く導入し、格安で大軍を率いることができ、戦争を有利に進めることができた。しかし、それを維持する資金を調達できず、失脚したことを理解する。

## Q どうして ナポレオンは強かったの？

　フランス革命時に現れ、英雄となったナポレオン。当時、周囲の国は、自分の国に革命の波が来ないように、革命を阻止しようとフランスを敵対視しました。まさに四面楚歌の状況でしたが、ナポレオンはそれに屈することなく、逆にどんどん領土を広げていきました。

### ①「徴兵制」で軍のコスト削減

　当時のヨーロッパ諸国は、お金で雇ったプロの兵で軍を構成していました。仕事として雇っているので、当然兵士には給料を払わねばなりません。

　一方、この頃のフランスは、「徴兵制」をいち早く取り入れました。「徴兵制」とは、国民が一定期間、兵として駆り出される制度のことです。職業ではないので、給料は発生しません。そのため、他のヨーロッパ諸国に比べて、格段に安く、軍を構成することができたのです（**コスト**）。この軍を率いて、ナポレオンは領土を広げていったのです。

## ② 資金不足で失脚

　しかし、ナポレオンの勢いも長くは続きませんでした。領土を広げるということは、それだけ広範囲にわたって占領を維持し、戦争に必要なものを多方面に行き渡らさなければなりません。つまり、それだけお金がかかるということです（**コスト**）。しかし、ナポレオンにはそれだけの資金を調達する力はありませんでした。

　なんとか資金を集めようと、様々な手を尽くします。まずは、当時フランスが保有していたアメリカ大陸の植民地をアメリカに売り、資金を得ました。次に、フランスの王政時代に行っていた塩税を復活させました。塩税とは、塩の販売を国家が独占するもので、その分、市民にとっては税が増え、苦しい負担を強いられました。

　このように、ナポレオンは、財政的に苦しい状況に追い込まれていたのです。そして、この後、ナポレオンは勢いを失い、失脚していくのです。

　当初は、「徴兵制」によって格安で大軍を率いることができ、勢力を拡大したナポレオン。しかし、最後は資金不足により体制を維持できず、失脚しました。ナポレオンは戦の面が注目されがちですが、経済の視点からみると、「金で勝ち、金で負けた」と言えるかもしれません。

### 経済の視点

出費を減らし、強力な軍で周囲の国から干渉を防いだ。

戦争にはお金がかかる。戦争を拡大することで余計に戦費がかかり、維持することが難しくなる。

徴兵制を取り入れることで、出費を減らすことができた。

「徴兵制」という仕組みによって、格安で大軍を率いることができるようになり、戦争を有利に進めることができた。

【参考文献】▶ 大村大次郎『お金の流れでわかる世界の歴史』KADOKAWA、2015 年

## アメリカの発展①
# 国土買い取りの経済効果

　アメリカは、地続きの土地を他国から買い取って国土を広げ、国内の資源を確保することで経済力を高めていったことを理解する。

## Q　どうしてアメリカは、独立から200年あまりで超大国になったの？

　アメリカ大陸がヨーロッパ人に発見されたのが15世紀後半。アメリカがイギリスから独立したのが18世紀後半。そして、19世紀後半には、大国の仲間入りを果たし、20世紀には超大国として世界をリードしていきます。どうしてアメリカは、短い時間で超大国になったのでしょうか。

　アメリカ発展の要因は、経済力にあります。そして、アメリカの経済力は、広大な領土と、豊富な資源から生み出されました。

　しかし、アメリカには独立当時、現在50州あるうちの13州しかありませんでした。領土も資源も少なかったのです。そこから、ヨーロッパの国々が植民地を増やしていく中、アメリカは、地続きの土地を他国から買い取り、領土を広げていったのです。

　その代表的なものは、次のようなものです。

◎ 1803年、フランスから1500万ドルで、ルイジアナを買い取ります。この当時、フランスはナポレオンによる領土拡大が勢いを失い、資金難に苦しんでおり、お金がほしいフランスと、領土がほしいアメリカの利害関係が一致しました。

◎ 1867年、ロシアから720万ドルでアラスカを買い取ります。ロシアが領土としての価値がなくなったと判断したからです。しかし、その後、金脈と油田が発見され、アメリカに富をもたらしました。

◎アメリカ大陸の先住民であるインディアンから、オハイオ・インディアナ・イリノイなどを破格の値段で買い取りました。契約などに慣れていないインディアンにとっては、不平等な契約であったとも言われています。

　このように、アメリカは相手のメリットをよく理解した上で賢く交渉し、地続きの国土を広げていきました。
　この後、ヨーロッパ諸国は、植民地経営に行き詰まります。支配のコストが、経済的なメリットを上回るようになっていくのです。そんな中、自国の国土を広げたアメリカは、国内の豊富な資源を背景に成長していきます。

### 経済の視点 ●

 陸続きで資源豊富な土地を得ることで、経済的に豊かになる。

 土地を購入するにはお金がかかる。

 取引相手のメリットを理解し、それを利用した交易を行ったことで、メリットの大きい交易となった。

 アメリカは、地続きの土地を他国から買い取って国土を広げ、国内の資源を確保することで経済力を高めていった。

【参考文献】• 大村大次郎『お金の流れでわかる世界の歴史』KADOKAWA、2015年

## アメリカの発展②
# 第一次世界大戦とエネルギー革命

**理解目標** ●·····················································································●

　アメリカは、エネルギー革命により石炭から石油にエネルギーが変化したことによって、優位な立場に立ち、第一次世界大戦も重なり、イギリスに代わり繁栄したことを理解する。

## Q どうしてアメリカは、世界のトップになったの？

　第一次世界大戦によって、イギリスをはじめとするヨーロッパ諸国は大きなダメージを受けました。一方で、アメリカは戦地から遠く、ヨーロッパに大量の軍事物資などを送っていました。それによって、一気にイギリスとアメリカの立場は逆転し、アメリカは債務国（お金を借りている国）から債権国（お金を貸している国）になりました。

　しかし、アメリカが世界のトップになったのは、これだけが理由ではありません。

### ① エネルギー革命

　この時期に、「エネルギー革命」が起こっていました。それまでの石炭中心のエネルギーから、石油に替わっていったのです。

　第一次世界大戦で「新兵器」が使用されました。戦車・航空機・潜水艦などです。これらは、石油を燃料としています。この時期に、一気に石油の需要が高まり、石油が必要不可欠になっていきます。石油をもっている国が世界をリードしていくようになります。

現在、石油と言えば、中東（西アジア）のイメージがありますが、当時は石油を多く保有していたのは、アメリカでした。アメリカが世界の約60%の石油を保有していたとも言われています。アメリカは、石油によって、世界のトップになっていきます。第二次世界大戦も、石油を巡る戦争であったという見方もあります。日本にとっては、まさに石油獲得のための戦争でした。それだけ、エネルギー資源は貴重であり、国の繁栄を左右するのです。

　このように、必要なエネルギーを安く、大量に確保できる国が栄え、そうでなくなった国が衰退していきます。エネルギーの変化によって、国の繁栄も変化していくのです。

## ② イギリスの没落

　一方、イギリスは、石炭を中心に繁栄しました。産業革命の動力の中心は、石炭でした。世界の85%の石炭をイギリスが占めていたこともあったと言われています。大量の石炭をエネルギーとして、産業を発展させ、経済発展していきました。しかし、エネルギーの変化と第一次世界大戦が重なり、イギリスの力は一気に衰えていきました。

**経済の視点**

エネルギー資源は、限りがあり、とれる場所が限られるので、希少であり、価値が高かった。
必要なエネルギーを安く、大量に確保できたアメリカは栄え、国際社会で優位に立った。

アメリカは、石油を保有することで優位に立ち、世界をリードする国になった。

石油の採掘には、お金がかかる。

必要なエネルギーを安く、大量に確保できる国が栄え、そうでなくなった国が衰退していく。

【参考文献】▶ 大村大次郎『お金の流れでわかる世界の歴史』KADOKAWA、2015年

薩摩藩の藩政改革①
# 調所広郷の財政改革

　薩摩藩は、領内でも生産しやすい砂糖やサツマイモを生産し、また琉球や清からの交易品などを国内で売ることで、財政を立て直したことを理解する。

## Q 薩摩藩はどうやって財政を立て直したの？

　江戸時代、幕府だけでなく、多くの藩もお金に困っていました。

　特に、薩摩藩の状況は悲惨でした。薩摩藩は、現在の鹿児島県にあり、領内の土地はシラス台地が中心で、米づくりに向いていません。江戸時代の農業の中心は米であり、年貢、つまり税を米で納めるので、薩摩藩は苦しい状況でした。

　さらに、薩摩藩の代々藩主である島津家は外様大名であったため、次のような出費がかさみました。

> ◎参勤交代は、江戸までの距離が長く、出費が大きかった。
> ◎御手伝普請として、幕府からの命令で領地外の工事などの手伝いを多くさせられた。しかも、その出費は薩摩藩が出す。

　このようなことが続き、薩摩藩の借金は500万両を超えていました。薩摩藩の年収が10万両ほどだったと言われているので、年収の50倍もの借金を抱えていたという状況でした。

この問題を担当したのが、家臣の調所広郷でした。次の方法で財政の立て直しを図りました。

①薩摩藩がお金を借りていた大阪の商人を集め、「250年かけて利子なしで返済する。それがお互いのためだ。」と商人を説得した。
②砂糖を領内の島でつくらせ、販売し、収入を増やした。
③琉球や清との貿易で利益を得た。

①は、事実上の借金の踏み倒しです。しかし、薩摩藩がなくなるまで、返済し続けたそうです。①はともかく、②、③は現代にも通じる方法です。米づくりに適さない土地なのであれば、砂糖など適したものを生産し、それを主力商品として売ることで、収入を増やしました（**交易**）。また、琉球や清から希少なものを仕入れ、国内で売ることで、さらなる利益を上げていきました（**希少性、交易**）。

このような方法で、薩摩藩は500万両の借金から、300万両の貯金ができるまでになったのです。

**経済の視点** ……………………………………………………………●

 琉球や清からの交易品、領内の島でつくる砂糖は、希少であり、価値が高かった。

 商品作物の生産、国内外との交易は、利益が上がる。

 商品作物の生産、交易には、お金がかかり、リスクも伴う。

 砂糖やサツマイモなど、その土地に適したものを生産し、それを売ることで、利益を上げた。
琉球や清からの交易品を国内で売ることで、利益を上げた。

 領内のメリットを生かした交易を行うことで、財政を立て直した。

【参考文献】▶ 上念司『経済で読み解く明治維新』KKベストセラーズ、2016年

薩摩藩の藩政改革②
# 島津斉彬の改革

**理解目標** ●●●●●●●●●●●●●●●●●●●●●●●●●●●●●●●●●●●●●●●●●●●●●●●●●●●●●●●●●●●

　島津斉彬は、財政再建一辺倒の薩摩藩の政策を一変し、長い目で見てメリットのある、欧米列強に負けない近代的な国づくりを優先したことを理解する。

## Q　薩摩藩は、どうして倒幕の中心になることができたの？

　薩摩藩の借金の中には、外国の進んだ技術を取り入れるための出費が多くありました。

　薩摩藩は、公には禁止されていましたが、琉球や清と交易を行っていました。そこで、外国の進んだ技術も目にしたり、手に入れたりしていました。また、欧米列強の脅威が近づいていることも知っていました。そのため、外国の進んだ技術を取り入れるために、出費がかさんだのです。

　しかし、このままでは藩自体がつぶれてしまうと、調所広郷が方針を一変し、財政立て直しを重視したのです。この後、ペリーが浦賀に来航するなど、欧米列強の脅威がより現実的となっていきました。

　すると、薩摩藩の中で、財政を重視する立場と、欧米列強に負けない近代的な国づくりを重視する立場に意見が分かれました。

### ① 財政重視派：島津斉興

　財政重視派の中心は、島津斉興です。調所広郷を重用し、財政再建を第一に考えました。というのも、斉興は祖父の島津重豪の浪費のつけを

回されて苦しみました。そして、自分の代で財政を再建できたこともあって、反対派の息子の斉彬になかなか家督を譲ろうとしませんでした。

## ② 近代化重視派：島津斉彬

　一方、近代的な国づくり派の中心は、斉興の子の島津斉彬です。曾祖父の重豪に影響を受け、外国の事情をよく理解していました。外国の情勢を知り、斉彬は日本全体の近代化が急務であると考えました。そこで、外国の進んだ技術を取り入れました。

　この薩摩藩内の政策を巡る対立は、幕府の力を借りた斉彬が藩のトップに立ち、近代的な国づくりを優先していきます。そして、斉彬は、薩摩藩だけでなく、日本の近代化に尽力します。篤姫を将軍家に嫁がせたのも、外国に負けない近代的な国づくりの一環だったのです。

　財政が破たんすれば藩が倒れるので、財政再建ももちろん大切です。しかし、それだけを重視すると、豊かな国はつくれません。斉彬は、外国の情勢をよく理解し、外国に侵略されないように、外国に負けない国づくりを最優先に考えました。長い目でみた国全体のメリットを、広い視野から考えていたのです。その後、志半ばで斉彬は急死しますが、後を継いだ薩摩藩の志士たちが、幕末期に倒幕の中心として活躍していくのです。

### 経済の視点 ......................................●

長い目で見て、欧米列強に負けない国づくりが必要なので、近代化は不可欠である。

近代的な国づくりには、たくさんの費用がかかる。

島津斉彬は、財政再建一辺倒の薩摩藩の政策を一変し、長い目で見てメリットのある、欧米列強に負けない近代的な国づくりを優先して行った。

【参考文献】▪ 加来耕三『コミック版日本の歴史 62　島津斉彬』ポプラ社、2018 年

# 坂本龍馬は
# 何をしたのか

**理解目標** ...............................................●

　坂本龍馬は、商業活動によって新たな国づくりに貢献し、薩摩藩と長州藩のお互いの利益になることを提案し、薩長同盟を成立させたことを理解する。

## **Q** 坂本龍馬は何をしたの？

### ① 龍馬のめざした国づくり

　龍馬は、勝海舟など、様々な人物と出会い、学ぶ中で、「強い海軍をつくり、外国に負けない国づくり」をめざします。この目的に向かって、龍馬は奔走していきます。そして、紆余曲折を経て、次のようなプランを立て、実行していきます。

---

◎欧米にならった新しい国づくりが必要
　　→「船中八策」と呼ばれる新たな国の方針を立てる。
◎武器や軍艦を購入するために、外国と貿易する会社が必要
　　→「亀山社中」を設立し、武器や軍艦などを売る貿易商社
　　　として倒幕に貢献した。

---

　龍馬は、脱藩浪士という自由な身を生かし、外国から武器を大量に仕入れ、それを討幕派に売るという商業活動を行ったのでした。
　欧米列強に負けない強い国をつくるには、武器が必要になります。また、

幕府の古い仕組みも変えていかねばなりません。そのためにも、討幕派にとって、武器はどうしても必要なものでした。

　一方、外国の商人も、日本の混乱に目をつけ、武器を売りたかったのです。龍馬は、両者にとって利益の出る方法で商売をし、自分の進めたい国づくりを行っていたのです。

### ② お互いの利益を考えた薩長同盟

　龍馬最大の功績と言われる薩長同盟。当時、薩摩藩と長州藩の対立感情はすさまじく、手を組むなど考えられませんでした。

　長州藩は当時、幕府に背いたために危険視され、武器の購入を禁止されていました。そして、第二次長州征伐が決まり、幕府を筆頭とする大軍が長州藩をつぶしにくるというタイミングでした。長州藩がのどから手が出るほどほしかった武器を、薩摩藩名義で買い、龍馬の亀山社中を介して長州藩に届けることを提案したのです。一方、薩摩藩は米がとれず、飢えに苦しんでいました。そのため、武器購入の手助けをする見返りに、長州藩から薩摩藩に米を送ることを提案します。

　経済の視点でお互いの利益になることを提案し、薩長同盟は成立したのです（**インセンティブ**）。

**経済の視点** ......................................................●

長州藩は武器、薩摩藩は米という、お互いのほしいモノ、利益になるモノを提案することで、日本全体にとって利益の大きい薩長同盟を成立させた。

薩摩藩、長州藩のお互いの憎しみは大きく、間に入る龍馬自身にも身の危険がある。

薩摩藩と長州藩のお互いの必要としているモノを提供することで、お互いと日本全体の利益を生むことができた。

龍馬は、自ら貿易商社をつくり、外国から武器を仕入れ、それを倒幕派の藩に売ることで、お互いの利益となった。

【参考文献】▪加来耕三『コミック版日本の歴史 11　坂本龍馬』ポプラ社、2008 年

# お金で成功した廃藩置県

**理解目標**

廃藩置県は、新政府が各藩の借金を肩代わりする代わりに、各藩のもっていた軍を、新政府の軍にするように求めたものであり、藩にとってもメリットがあったから成功したことを理解する。

## Q 廃藩置県は、どうして成功したの？

新政府は、欧米列強に負けない国づくりをめざしました。しかし、新政府にはお金がありませんでした。旧幕府軍から取り上げた領地からの収入では、到底足りません。近代的な国づくり、強い国づくりをするには、当然お金がかかります。

新政府は、江戸時代の藩ごとの地方分権から、中央集権国家にすることで、全国から税を集め、近代的で強い国づくりをめざしました。そのためには、土地と人民を国に返す版籍奉還、藩を廃止する廃藩置県、そして近代的な徴税システムである地租改正は、必要不可欠な政策でした。しかし、廃藩置県には、反対する人もいました。どのような人が反対したのでしょうか。

それは、江戸時代の各藩の藩主たちでした。「藩を廃す」ということは、藩主たちが今までもっていた地位や権力を奪うということです。そんな政策を、元藩主たちが賛成するはずがありません。しかも、新政府の中心は、下級武士の身分で、ついこの間まで藩主たちの家臣だった者たちばかりです。元上司たちの反対に対して、新政府はどのように説得した

のでしょうか。

　廃藩置県を実施する際には、大きな争いは起きていません（もちろん多少のもめごとはありました）。いったいどうしてなのでしょうか。

　実は、江戸時代末期の藩のほとんどは、莫大な借金を背負っていました。それぞれの藩は、平均するとおよそ藩の収入の３年分もの借金があったと言われています。そこで、新政府は、各藩の借金を肩代わりする代わりに、各藩のもっていた軍を、新政府の軍にするように求めたのです。

　これは、各藩にとって、２つのメリットがありました。

　１つは、困っていた莫大な借金がなくなることです。各藩は、莫大な借金を返せる見込みはありませんでしたから、とてもありがたい申し出だったはずです。

　もう１つは、士族の働き先ができたことです。明治時代になり、武士の特権と仕事がなくなり、武士の雇用問題が起こっていました。豊臣秀吉の天下統一後の悩みと同じです。無職状態であった士族に仕事を与えることは、経済的な面でも、士族の不満を減らすという意味でも、重要なことでした。

　このように、元藩主にもメリットがあり、廃藩置県は大きな争いが起きずに実施されたのです。

**経済の視点** ...........................................................................●

廃藩置県は、藩の借金をなくし、士族の働き先を与えるので、メリットが大きい。

廃藩置県は、元藩主の地位や権力を奪い、抵抗を招く。

廃藩置県は、新政府が各藩の借金を肩代わりする代わりに、各藩のもっていた軍を、新政府の軍にするように求めたものであり、藩にとってもメリットがあった。

【参考文献】▪武田知弘『経済改革としての明治維新』イースト新書、2018年

## 11 明治時代

# 明治政府の財政難を救った
# 渋沢栄一

理解目標 ••••••••••••••••••••••••••••••••••••••••••••••••••••••••••••••••••••••••••••••••••••••••••••••••••••••••••••••••••••••••••

　渋沢栄一は、公債の仕組みを取り入れることで、借金を運用できるように
なり、政府の財政も救われ、経済がさらに活性化するシステムをつ
くったことを理解する。

## Q どうして明治政府は各藩の借金を 肩代わりできたの？

　明治政府には、元手となるお金はほとんどありませんでした。各藩の
借金を返せる目途など到底ありません。

　この問題を担当したのが、渋沢栄一でした。大きく2つの方針を出し、
この問題を解決しようとしました。

### ① 各藩の借金を整理し、新政府が支払う必要があるものだけ支払った。

　各藩の借金の合計は、現在の価値でおよそ1兆6000億円でした。これ
は、当時の国家予算のおよそ4倍です。到底新政府が支払える額ではあ
りません。そこで、渋沢栄一は、各藩の借金の「仕分け」を行いました。

　まずは、借金をした相手による仕分けです。相手は、大きく分けて、
国内の商人と外国に分けられました。そこで、外国からの借金を最優先
で返済することを決めます。

　次に、国内の商人からの借金の仕分けも行いました。すると、借金は
各藩のもともとの財政赤字、外国からの防衛費、戊辰戦争での出費に分
けられました。そこで、外国からの防衛が必要になってきた1844年以降

148

の借金を返済することにし、それ以外を支払わないことに決めます。この決定に対して、もちろん商人は反対します。しかし、「江戸時代の借金は、貸し手にも責任がある」として、取り合いませんでした。こうして借金を7000億円まで減らすことができました。

## ②「公債」という仕組みを導入し、「借金」を「お金」にした。

　しかし、まだ7000億円の借金があり、返せる目途はありません。そこで、欧米の「公債」という仕組みを取り入れました。公債の仕組みとは、次の通りです。

　政府の借金を公債として発行し、市民に少しずつ買ってもらいます。それによって、政府はすぐに返済する必要がなくなります。そして、この公債は、売買することが可能でした。そのため、政府の借金である公債を元手に、さらなるビジネスが可能になりました。「借金」が「お金」として生きるようになったのです。これは、現代の銀行で行われるシステムです。

　渋沢は、このような方法を用いて、新政府の財政難を救ったのでした。そして、それだけでなく、政府の借金を元手に経済がさらに活性化するシステムをつくったのでした。

### 経済の視点 ••••••••••••••••••••••••••••••••••••••••••••••••••••••••••

公債や銀行の仕組みによって、経済が活性化する。

新たな仕組みを取り入れるのにはコストがかかり、賛同を得るための労力も必要である。

公債や銀行の仕組みを取り入れることで、借金を運用できるようになり、政府の財政も救われ、経済がさらに活性化するシステムをつくった。

【参考文献】• 渡辺房男『お金から見た幕末維新』祥伝社、2010年
　　　　　• 武田知弘『経済改革としての明治維新』イースト新書、2018年

# お酒で賄った
# 日清戦争の戦費

**理解目標**・・・・・・・・・・・・・・・・・・・・・・・・・・・・・・・・・・・・・・・・・・・・・・・・●

　日清戦争は、大きな増税をすることなく、酒税によって戦費を賄うことができるほど、豊かな国民が増えたことを理解する。

## Q　日清戦争の戦費は、どうやって賄ったの？

　日本の近代化、欧米列強への仲間入りを印象づけた日清戦争。この勝利により、日本はさらに帝国主義の姿勢を強めていきます。

　いつの時代も、戦争にはお金がかかります。政府は、戦争に必要な資金を調達しなければなりません。戦争が始まるとき、ほとんどの場合は、国民に増税を行います。しかし、当時の日本は、国民全体への増税は行っていません。日清戦争のための軍の増強費は、年間でおよそ700万円でした。お金の余裕などなく、財政は火の車だった明治政府が、どうやって日清戦争の戦費を調達したのでしょうか。

### ① 酒税で戦費を賄った

　明治政府は、お酒に目をつけました。お酒は、一般的に生活に余裕のある人が飲みます。そのため、生活に困っている人からは少なく、余裕のある人からは多く、税を徴収できます。そこで、お酒の税金を増やしました。

　1882年の酒税の増税額は、600万円以上と言われています。つまり、日清戦争の戦費は、酒税で賄われたのです。

酒税で賄われたということは、それだけ生活必需品でない酒を買うことができるほど、豊かな国民が増えたということです。残念ながら、この時点では国民の大部分には至っていませんが、江戸時代からの経済成長、明治からの近代化によって、国民全体の豊かさは高まっていったのです。それが日清戦争の勝利につながりました。

## ② 国が亡びるパターン

　戦費を賄う方法で、国家が滅びるパターンは、次のようなものがあります。

---

◎国民に増税する　→　国民の生活が苦しくなる　→　国民に不満がたまる　→　政府への反乱が起きる

◎外国からお金を借りる　→　政府が借金を返せなくなる　→　その見返りに、外国が国内に進出し、侵略される

---

　日清戦争では、そうなることなく、豊かな国民の支えで、勝利できたのです。

### 経済の視点

戦費を酒税から賄うことよって、生活が苦しい国民を守ることができる。

酒税は、富裕層にとっては、相対的に税を増やす。

戦費のために増税すると、生活が苦しい国民の不満が高まる。日清戦争では、生活必需品以外の税を上げることで、戦費を調達した。

---

【参考文献】▪ 大村大次郎『お金の流れで読む日本の歴史』KADOKAWA、2016年
　　　　　　▪ 武田知弘『大日本帝国の経済戦略』祥伝社、2015年

# 田中正造のメッセージ

理解目標 ••••••••••••••••••••••••••••••••••••••••••••••••••••••••••••••••••••••••••••••••••••

　産業革命によって日本の近代化が進んだ一方で、足尾銅山鉱毒事件に代表される公害問題が発生し、一部の人が犠牲となったことを理解する。

## Q 政府は、足尾銅山の採掘を中止させるべき？

　1890 年代から 1900 年代にかけて、日本は産業が発展し、国力をつけ、日清戦争・日露戦争を通して、国際的な地位を高めていきました。

　足尾銅山は、最盛期には日本の銅の採掘の 40% を占めるほど、日本の近代化を支えていました。

　その足尾銅山で、鉱毒事件が発生し、近くの住民に被害が出ました。足尾銅山の採掘中止を訴えた中心人物が、田中正造でした。

　正造は、銅の採掘が原因で近くの住民に被害が出ていることを、帝国議会などで何度も訴え、採掘中止を主張しました。しかし、政府は根拠が十分でないと、聞く耳を持ちませんでした。

　当時の日本は、「欧米列強に追いつけ追い越せ」という考えのもと、産業発展、軍事力強化が国家の重要課題でした。そのため、銅はどうしても必要でした。

　また、政府と企業の関係も重要です。足尾銅山の採掘を行っていたのは、政府の役人とつながりの強い企業でした。政府は、その企業に特権を与え、良い条件で銅を採掘、精錬させることで、その企業も儲かり、政府も助かるという、win-win の関係だったのです。

正造は、議会での発言をあきらめ、当時の法律では不敬罪という大罪にあたる、天皇への直訴を行ったのです。自分のことよりも、足尾銅山鉱毒事件の解決を優先したのでした。

　政府は、最終的に、谷中村という村を沈めて遊水池をつくることで、鉱毒の周囲への流出を防ぎ、事件の解決をめざす方針に決めました。そのため、谷中村の村民の中には、強制的に立ち退かされた人たちもいました。谷中村のあった場所には遊水池ができ、一部の犠牲の上に被害が出なくなりました。この遊水池は、現在も残っています。

　この事件は、国家の発展、企業の利益を優先したために起こったものでした。この事件から、私たちは何を学ぶことができるでしょうか。

〈政府は、足尾銅山の採掘を中止させるべきだろうか〉

| メリット | デメリット |
| --- | --- |
| • 周辺の住民の被害をなくすことができる。<br>• このまま鉱毒の流出が続けば、地域の産業もダメになる。<br>• 政府には、不当な被害を受けている国民を助ける義務がある。 | • 銅の採掘が被害の原因であるという明確な根拠がない。<br>• 国家の発展には、足尾銅山の銅が必要である。銅の採掘は、国民全体の利益になる。<br>• 採掘をやめれば、企業に不利益が生じる。企業で働く人が生活できなくなる。 |

## 経済の視点 ‥‥‥‥‥‥‥‥‥‥‥‥‥‥‥‥‥‥‥‥‥‥‥‥‥‥‥‥●

銅は希少であり、日本の近代化に必要不可欠なものであったので、価値が高かった。

銅の採掘が、国の発展と企業の利益につながる。

銅の採掘によって、住民への被害が出る。

日本の近代化のために、全体の利益である産業を優先した。
市場だけでは解決できない課題には、政府が介入して解決すべきである。

【参考文献】• 峯明秀「社会科歴史における思考力評価問題作成に関する一考察」『全国社会科教育学会第 54 回全国研究大会 自由発表資料』2005 年
　　　　　• 佐江衆一『田中正造』岩波ジュニア新書、1993 年

# 伊庭貞剛のメッセージ

**理解目標** ●●●●●●●●●●●●●●●●●●●●●●●●●●●●●●●●●●●●●●●●●●●●●●●●●●●●●●●●●●●●●●●

　伊庭貞剛は、煙害問題に対して、全面解決が長い目でみて企業と地域の利益であると考え、企業の社会的責任の先駆けと言える対応を行ったことを理解する。

## Q どうして大金をはたいてまで、精錬所を移転したの？

　足尾銅山鉱毒事件と同じ頃、別子銅山では煙害問題が発生していました。当時は、政府の**殖産興業政策**のもと、産業発展を優先し、山を切り拓き、劣悪な労働条件のもと、開発を進めていました。

　煙害が問題となった当時の企業の責任者であった伊庭貞剛は、次のような言葉を残しています。

**「別子全山を、もとの青々とした姿にして、これを大自然にかえさねばならない。」**

　煙害問題に対して、伊庭貞剛は企業の責任者として真摯に向き合い、賠償金などのお金で解決するのでなく、煙害問題の全面解決をめざします。

### ① 植林活動

　まず、別子銅山の植林活動をはじめます。当時の別子銅山は、銅の採掘や精錬に大量の木を伐採したため、木がほとんど生えていない状態でした。毎年何万本もの植林を行い、現在では青々とした山に戻っています。

## ② 精錬所移転

　次に、銅の精錬所を近くの無人島（四阪島）に移転する計画を立てます。移転にかかる費用は、別子銅山で得られる利益の約2年分。しかし、伊庭貞剛は、企業としての責任を訴え、目先の利益よりも長い目でみた全体の利益を優先したのです。

　しかし、移転後、なくなるはずだった煙害被害は、逆に広範囲に拡大してしまいました。

　後を受け継いだ責任者も、その意志を受け継ぎ、煙害問題に懸命に取り組みました。その結果、移転から34年後、ついに煙害問題の全面解決に成功したのです。

　当時は、国も産業発展優先、企業も利益優先で、このような問題が起こっても、方針を変えることは少なかったのです。伊庭貞剛は、この問題に真摯に向き合い、全面解決をめざしました。

　公害問題の先駆けであり、「**企業の社会的責任**」などの考えもない時代に、伊庭貞剛は、次のことを大切にしていました。

「**目先の利益でなく、百年先を考えて行動する**」

　一見、損をしているようにみえますが、伊庭貞剛のように長い視点でみると、企業も発展を続け、地域の理解も得られ、自然も守られている。経済の視点でみても、とても合理的な判断だったと言えるでしょう。

### 経済の視点

政府は、国の発展・利益のために、産業を優先した。
伊庭貞剛は、長い目で企業・地域の利益を考え、塩害問題の解決をめざした。

塩害問題の解決には、多額の出費がかかるが、伊庭貞剛は長い目の利益を考えて、全面解決をめざした。

日本の近代化のために、全体の利益である産業を優先した。
市場だけでは解決できない課題には、政府が介入して解決すべきである。

【参考文献】▶長谷川直哉「別子銅山煙害対策を巡る住友総理事伊庭貞剛の経営思想」『人間環境論集』16巻　法政大学人間環境学会、2016年、pp.95-124

経済の視点で領土拡大を批判した男
# 石橋湛山

**理解目標** ●

　石橋湛山は、経済のデータを用いて、領土拡大のデメリットを主張し、「大日本主義」を批判したことを理解する。

## Q 領土拡大は、本当にもうかるの？

　「領土拡大は、本当にもうかるのか。」

　この問いを投げかけ、戦争まっしぐらの日本において、冷静にデータに基づいて、政府を批判したのが、石橋湛山です。

　湛山は、当時多くの国民が支持していた「大日本主義」を批判しました。「大日本主義」とは、日本が海外に領土を拡げ、経済などの繁栄をめざすという考え方です。湛山は、データを用いて、経済的な視点から領土拡大をやめるべきだと主張しました。その根拠は、次の３つです。

### ① 領土拡大・維持は、国家財政を悪化させる。

　当時、朝鮮や台湾などの海外の領土の維持費が、国家予算の１割を占めていました。そして、その支出が、その海外の土地で生まれる利益を大きく上回っていたのです。つまり、植民地支配は、赤字状態だったのです。

　また、当時、欧米列強も植民地支配にかかる費用に苦しんでいました。植民地支配の目的は、経済的利益です。安い原料、安い労働力、大きな市場を確保することで利益を得られます。しかし、支配を維持するため、

反乱などを押さえるための軍事費がかなりかかり、赤字だったと言われています。

## ② アメリカ・イギリスとの貿易を優先する方が、利益がある。

　日本は、中国とアジア諸国との交易に活路を見出そうとしていました。当時の中国などアジア諸国との貿易額は、アメリカ・イギリスとの貿易額の半分程度しかありませんでした。つまり、経済の視点で考えると、アメリカ・イギリスとの縁を切ってまで、アジアに力を入れるのは合理的ではないと、湛山は主張したのです。

　しかし、このとき、アメリカ・イギリスとは経済面で対立していました。特にイギリスとは、インドの綿織物業で対立し、イギリスの有名なブロック経済政策は、日本の締め出し政策であったとも言われています。

## ③ 軍事費が財政を圧迫している。

　湛山は、大陸進出・領土維持のために軍事費をかけるよりも、大陸の領土を手放して軍事費を抑えることで、財政問題は解決すると主張します。当時の軍事費は、国家予算の半分の５割を占めていました。

　このように、石橋湛山は、データをもとに、経済的な視点で「大日本主義」を批判したのでした。しかし、石橋湛山の主張は受け入れられず、日本は泥沼の戦争へと進んでいったのです。

### 経済の視点 ●●●●●●●●●●●●●●●●●●●●●●●●●●●●●●●●●●●●●●●●●●●●●●●●●

植民地支配は、安い原料、安い労働力、大きな市場を確保することで利益を得られる。

植民地を手放すことで、支配の維持費を払わなくて済む。

植民地支配は、安い原料、安い労働力、大きな市場を確保することで利益を得られるが、支配の維持費がかさむと財政を圧迫する。

【参考文献】▪ 半藤一利『戦う石橋湛山』ちくま文庫、2019 年

# 近代

◉近代を捉えるポイント

## 「産業革命による社会の変化」

近代のポイントは、何と言っても産業革命です。産業革命によって、社会は大きく変わりました。まず、大量生産が可能になり、大量消費社会になりました。同時に、労働形態も大きく変化しました。次に、産業革命によって生まれた動力により、世界全体が近くなり、つながりが大きくなりました。それが、交易・市場の拡大や、帝国主義に基づく支配・被支配、大戦へつながっていきます。

そして、公害問題や地球環境問題が現れました。目の前の利益を追求するだけでは済まなくなり、時間や空間、立場を越えてかかるコスト、つまりデメリットを考えざるを得なくなりました。それは、持続可能性という新たな視点を生み出しました。

◉近代を教えるポイント

近代、そして現代は、現代社会の課題に直接影響するところが多いです。そこで、本書で紹介した、足尾銅山鉱毒事件、別子銅山煙害問題のように、現代の公害問題に通ずる事例をもとに、当時の判断が正しかったのか、当時の視点と現代の視点の両方から判断・評価する「意思決定学習」を取り入れてほしいと考えています。

目の前の利益だけで考えるのでなく、長い目で、広い視野で考えることで、環境問題を道徳的な扱いでなく、経済の視点で捉えられるように授業を展開します。そして、現代の課題とつなげて考えることで、歴史学習が生きた学びになります。

## あとがき

　本書を執筆している今、世の中では新型コロナウイルスが猛威をふるっています。健康面、経済面で多くの方が苦しい生活を強いられています。

　この新型コロナウイルスの感染拡大は、歴史的にも大きなできごとです。日々の状況に一喜一憂せざるを得ない状況ですが、視点を変えて、経済の視点で捉えてみましょう。

　「感染拡大防止」と「経済発展」は、今の社会システムでは「トレードオフ」に近い関係です。両方を得ることはできません。そのため、優先順位をつけていくしかありません。

　また、危機に直面した時には、「政府の役割」が重要です。生活に困っている人を救済しながら、お金を再分配し、経済を活性化させる新たなシステムが必要です。目の前の「コスト」だけをみるのでなく、長期的な視野で考えると、コロナ対策に留まらず、「ポストコロナ」の社会の「インセンティブ」を先取りすることもできるでしょう。

　最後に、この状況を特定の人や組織のせいにするのでなく、一人ひとりが「経世済民」の視点をもち、社会のためにできることを考え、行動することが大切です。

　本書では、歴史を学習する上で必要な経済の視点を3領域9視点として示し、その実践49事例を紹介しました。すぐ使えるネタから、経済の視点で考える学習法まで、幅広く載せました。ただし、本書で扱った事例がすべてではありません。今後もさらに研究を重ね、より良い歴史学習を追い求めていきます。

　本書で伝えたかったことは、歴史を「知る」だけで終わらせないことです。経済の視点で歴史を学ぶことで、現代社会のできごとや様々な問題について考え、解決していく力をつけることが、真の歴史学習の目的だと考えています。

　困難な状況が続きますが、問題を解決するヒントが歴史に隠れているかもしれません。より良い社会を構築していくために、本書の内容が少しでもみなさまのお役に立つことを願っています。

● 著者紹介

# 梶谷真弘 （かじたに まさひろ）

1986 年生まれ。大阪府立豊中支援学校を経て、現在大阪府茨木市立南中学校教諭。
授業研究サークル「KIT」代表。支援教育研究サークル「SPEC」代表。「授業のネタ
研究会　関西支部」事務局。
社会科、特別支援教育に造形が深く、著書に『学級経営＆授業のユニバーサルデザ
インと合理的配慮』（明治図書）、分担執筆に『主体的・対話的で深い学びを実現す
る！ 100 万人が受けたい社会科アクティブ授業モデル』（明治図書）、『中学社会科 " ア
クティブ・ラーニング発問 "174　わくわくドキドキ地理・歴史・公民の難単元攻略
ポイント )』『対話的深い学びを測る新授業の評価 新中学社会の定期テスト　地理・
歴史・公民 全単元の作問技法 ＆ 評価ポイント』『子どもと社会をつなげる！「見方・
考え方」を鍛える社会科授業デザイン』（以上、学芸みらい社）、『新任 1 年目でもう
まくいく！ 子どもの心をパッとつかむ驚きの授業ルール』（学陽書房）など。雑誌
原稿多数。

ブックデザイン：佐藤 博

# 経済視点で学ぶ歴史の授業

2020 年 6 月 11 日　初版発行

著　者　梶谷真弘
発行者　横山験也
発行所　株式会社さくら社
　　　　〒 101-0051　東京都千代田区神田神保町 2-20 ワカヤギビル 507 号
　　　　TEL：03-6272-6715 ／ FAX：03-6272-6716
　　　　https://www.sakura-sha.jp　郵便振替 00170-2-361913

印刷・製本　中央精版印刷株式会社